Amandine Barone
de guidedeschampignons.com

Vincent Amiel

Je cueille et je cuisine LES CHAMPIGNONS

Photographies : Aimery Chemin
Stylisme : Vincent Amiel

SOLAR EDITIONS

Édito

En cuisine, les champignons nous évoquent les souvenirs d'une promenade en forêt. Certains nous émeuvent avec leur fondant ou leur petit goût noisette, et d'autres nous étonnent avec des saveurs ou des textures totalement inattendues.

Leur potentiel créatif est infini, et leurs bienfaits encore peu exploités… Mais ne vous y trompez pas ! Les champignons peuvent être aussi redoutables qu'ils sont délicieux, et toutes les précautions doivent être prises lors de la cueillette.

Partons à la découverte d'un infusé des bois,
Imbibé de senteurs et de parfums,
De la terre, de l'humus, un petit goût de mousse,
Un petit bout de forêt.

C'est toute une vie sylvestre que l'on récolte là,
Un concentré de goût, un trésor de saveur,
Une création des bois, un cadeau du monde sauvage,
Que l'on recueille et que l'on tient au creux de nos mains.

Un produit riche et précieux, un produit simple et humble,
Qui nous ravit par sa parfaite expression.

C'est un retour aux sources, un monde passionnant,
Qui n'a pas fini de nous surprendre.

Nous espérons que vous prendrez plaisir à découvrir cette sélection des meilleurs champignons comestibles, ainsi que les recettes proposées. Comme un petit aperçu du plaisir qu'ils peuvent nous procurer, autant pour la cueillette que pour le palais !

Amandine Barone
Vincent Amiel

Mise en garde

Ce livre, présentant 30 espèces de champignons parmi les meilleurs comestibles, ne peut vous garantir à lui seul avec certitude une bonne identification. Il est donc vivement recommandé de faire vérifier votre récolte par un mycologue professionnel avant consommation.

SOMMAIRE

Introduction

Qu'est-ce qu'un champignon ?

**Avec 5 millions d'espèces présentes sur Terre, et plus de 30 000 en France, les champignons sont un élément incontournable de notre biodiversité.
Ils représentent un règne à part entière, ni végétal, ni animal, et jouent un rôle majeur dans l'équilibre des forêts.**

Un champignon est composé :
→ d'une partie souterraine, formée de minces filaments (le mycélium), qui peut être très étendue,
→ d'une partie externe, formée par exemple d'un chapeau et d'un pied, qui est en fait le fruit de tout l'organisme, lui permettant de se reproduire et de s'étendre.

Ils existent sous de multiples formes : les classiques, avec un chapeau et un pied, ceux en forme d'éventail ou de sabot, d'autres en forme de buisson, en boule plus ou moins régulière, en coupe, en massue, et même en étoile !

À cela s'ajoutent autant de textures variées, d'odeurs, de couleurs et… de saveurs pour notre plus grand plaisir !

Les grandes bases de la cueillette

Prêt pour partir à la cueillette ? Quelques prérequis s'imposent pour une sortie réussie !

Le lieu de la cueillette
Il doit être rigoureusement choisi.
Évitez la proximité des routes et les zones polluées : les champignons ont tendance à absorber la pollution des sols, et deviennent dans ce cas impropres à la consommation.

Les bons gestes
→ Toujours prélever le champignon en entier ! Le pied ne doit pas être coupé, sous peine de manquer un élément important d'identification, (comme la volve pour les amanites), et d'augmenter les risques de confusion.
→ Ne cueillir que des spécimens en bon état, peu ou non parasités, ni trop jeunes ni trop âgés.
→ Prendre sa récolte en photo sous tous les angles (peut être très utile en cas d'intoxication).

L'équipement de base
➔ Un couteau à champignon muni d'une brosse (pour nettoyer sur place)
➔ Un panier (on évite les sacs plastiques)
➔ Une paire de bottes (ou des chaussures montantes imperméables)
➔ Votre smartphone (pour prendre des photos et vous repérer)

Un guide de poche sur les champignons présentant les plus communs pour vous aider dans l'identification est aussi fortement recommandé ! (*Le Guide des champignons*, Amandine Barone et Pascal Revil, Albin Michel, 2021)

Attention aux tiques
En forêt, il est de plus en plus fréquent de se faire piquer par une tique. Elle peut causer la maladie de Lyme, qui provoque de graves complications des années après l'infection.
Pensez donc à vous protéger, grâce à du spray répulsif, et en portant des vêtements clairs et couvrants. Et surtout, après la cueillette, inspectez votre corps minutieusement.

Où et quand les chercher ?

Les sous-bois et les forêts sont les milieux préférés des champignons, mais ils se plaisent aussi dans d'autres lieux, comme les prairies, prés ou jardins, les abords de ruisseaux, directement sur le bois, les souches, ou encore enfouis sous la terre pour les fameuses truffes…

En forêt, selon les essences d'arbres, on ne rencontre pas les mêmes espèces :
➔ Sous les conifères (pins, épicéas, sapins…) on peut s'attendre à découvrir le cèpe des pins (p. 22), le bolet jaune (p. 17), le lactaire délicieux (p. 42) ou le lactaire sanguin (p. 44), les chanterelles (p. 26 et 28), la russule écrevisse (p. 57), la clavaire crépue (p. 30).
➔ Sous les feuillus (chênes, hêtres, châtaigniers…) on trouvera plutôt l'amanite des Césars (p. 14), la trompette-des-morts (p. 60), le cèpe d'été (p. 24), le bolet orangé des chênes (p. 18), la coulemelle (p. 38), le clitocybe odorant (p. 32).

Ailleurs, chaque biotope a ses espèces de prédilection :
➔ Les prés, prairies et jardins plaisent beaucoup au rosé-des-prés (p. 56), au faux-mousseron (p. 40), au tricholome de la Saint-Georges (p. 58) ou au coprin chevelu (p. 36).
➔ Les abords des ruisseaux et les frênes sont l'environnement préféré des morilles ! (p. 46 et p. 48)
➔ Les troncs ou les souches d'arbres abritent les pleurotes en forme d'huître (p. 52), le polypore soufré (p. 54), la collybie à pied velouté (p. 34).

Astuce : pour étoffer votre liste personnelle de « coins à champignons », n'oubliez pas d'enregistrer l'emplacement de vos récoltes dans l'application carte de votre smartphone. Certaines espèces poussent toujours au même endroit et vous régaleront ainsi chaque année !

Des champignons toute l'année
L'automne est la meilleure saison car les espèces sont les plus nombreuses ! Mais à chaque moment de l'année, nous pouvons trouver et apprécier différents champignons comestibles, chacun avec leurs qualités gustatives et leur identité propre.

Dans cet ouvrage, vous trouverez et apprendrez à cuisiner des espèces au fil des saisons :
➔ Au printemps : les morilles (p. 46 et 48), le tricholome de la Saint-Georges (p. 58), le faux-mousseron (p. 40), le coprin chevelu (p. 36)
➔ En été : le cèpe d'été (p. 24), la girolle (p. 41), l'amanite des Césars (p. 14), la truffe d'été (p. 62)
➔ En automne : les chanterelles (p. 26 et 28), la trompette-des-morts (p. 60), la girolle (p. 41), les cèpes (p. 20, 22, 24), le pied-de-mouton (p. 51), le rosé-des-prés (p. 56), le pied-bleu (p. 50)
➔ En hiver : la collybie à pied velouté (p. 34), le pleurote en forme d'huître (p. 52), la truffe noire (p. 64)

Repérer les bonnes conditions
Quelques jours de pluie suivis d'une belle journée ensoleillée sont idéaux pour stimuler la pousse des champignons.

Comment les nettoyer ?

Une seule grande règle pour le nettoyage des champignons : on évite l'eau sauf en cas d'extrême nécessité !

En effet, les champignons sont déjà gorgés d'eau, et leurs délicieux parfums et saveurs de sous-bois en seraient tristement altérés...

On utilise donc uniquement une brosse à champignons ou un chiffon humide pour retirer toutes les saletés.

Seules exceptions : les morilles (p. 46 et 48) avec leurs profondes alvéoles, et la clavaire crépue (p. 30) aux rameaux compacts. On peut les tremper quelques minutes dans une eau vinaigrée ou citronnée pour éliminer le maximum de parasites et saletés.

Pour les cèpes et les bolets : on peut conserver les pores quand le champignon est jeune.
Pour les pieds-de-mouton : supprimer les aiguillons en les frottant, pour éviter l'amertume en cuisson.

Comment les cuisiner ?

En cuisine, les champignons ont vraiment tout pour plaire !

Peu caloriques, plus riches en protéines que les légumes verts, sources de fibres, de vitamines et de minéraux essentiels, ils ont une composition très intéressante, en plus de ravir notre palais.

Ils se prêtent à de multiples préparations, leur potentiel gastronomique n'ayant de limite que la créativité du cuisinier.

Les chanterelles et girolles ne supportent pas bien l'association avec le poivre. Attention de ne pas en abuser.

Un grand classique efficace : la majorité des champignons comestibles s'accommode très bien avec la crème et un peu d'acidité. Pour la crème, on favorise l'utilisation de crème liquide ou épaisse contenant 30 % de matière grasse. Pour l'acidité, utilisez du vin ou du vinaigre.

Une cuisson suffisante et une quantité modérée :
➔ Tous les champignons ou plantes sauvages sont susceptibles de transmettre un parasite, l'échinocoque, qui peut provoquer de graves lésions du foie 5 à 15 ans plus tard. Heureusement, ce parasite est détruit par la cuisson (conditions : 1 minute à 100 °C / 5 minutes à 70 °C / 10 minutes à 60 °C). Il est donc très important de les cuire suffisamment, ou de les blanchir au moins 1 minute si on veut les utiliser en salade ou en carpaccio.
➔ Certains champignons comestibles sont toxiques s'ils sont consommés crus. C'est le cas des morilles : elles provoquent dans ce cas des troubles oculaires et intestinaux, tremblements et vertiges.
➔ Ne les consommez pas en trop grande quantité : ils peuvent alors être difficiles à digérer. La limite est fixée à environ 300 g par semaine, et ne mangez pas de champignons au cours de plusieurs repas consécutifs !

Astuce de chef : ne jamais jeter l'eau de cuisson des champignons, elle peut servir à parfumer divinement d'autres préparations, comme un bouillon, une sauce ou une soupe…

Mise en garde
Chaque année, il y a environ 1 000 intoxications causées par des champignons (dont 30 sévères et 3 fatales). Nous vous alertons sur le fait qu'il faut être extrêmement prudent dans l'identification d'un champignon sauvage. En cas de doute, faites vérifier votre récolte par un professionnel, et au moindre symptôme, consultez rapidement un médecin ou le centre antipoison le plus proche.

Comment les conserver ?

Au réfrigérateur
Les champignons se conservent plus ou moins 1 semaine au réfrigérateur selon les espèces. Évitez les Tupperwares qui favorisent la condensation, et utilisez plutôt un sac en papier. Tenez-les à distance des aliments aux odeurs puissantes, car ils s'en imprègnent.

Congelés
Il est possible de congeler les champignons crus mais leur texture peut en être altérée, et certaines espèces s'y prêtent moins, comme le pied-de-mouton, dont l'amertume serait renforcée. Nous vous recommandons de cuisiner d'abord vos champignons avant de les congeler, dans ce cas, aucune mauvaise surprise !

En conserve
Après blanchiment des champignons et aromatisation de leur eau de cuisson au gré de vos envies, on verse le tout dans des bocaux en verre, que l'on stérilise pendant 1 h 30 minimum. On conserve ainsi ces champignons plusieurs années.

Séchés
La plupart des champignons peuvent être séchés. Ceux à chair mince comme les trompettes-des-morts ou les chanterelles peuvent être enfilés sur un fil et suspendus dans une pièce aérée. Les champignons charnus, comme les cèpes, seront coupés en fines tranches. Le plus efficace est d'utiliser un déshydrateur électrique, bien pratique pour les grandes quantités !

En poudre
Les champignons séchés peuvent être réduits en poudre à l'aide d'un mixeur et servir à parfumer les soupes, sauces, gratins... ou simplement pour en saupoudrer une assiette, comme un condiment savoureux.

Les champignons de culture

On trouve sur nos étals seulement quelques espèces cultivées à grande échelle. Elles sont peu nombreuses car la culture ne se prête qu'à une seule famille de champignons : les « saprophytes », qui se nourrissent de matières organiques, un milieu facile à reconstituer.

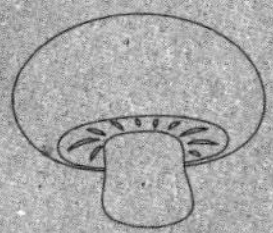

Champignon de Paris : c'est le plus connu ! Deux variétés existent, blanc ou brun, et différents gabarits sont disponibles. Charnus, ils se prêtent à toutes les recettes, et peuvent se manger aussi bien crus que cuits.

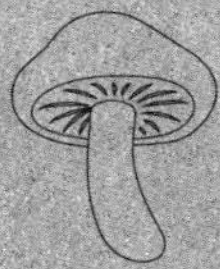

Shiitaké : très populaire dans la culture asiatique, qui lui prête des vertus médicinales, il est cultivé en Asie depuis plus de 800 ans. Souvent préparé sauté à feu vif, il a de grandes qualités gustatives.

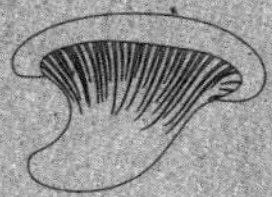

Pleurote : à la troisième place des champignons les plus cultivés dans le monde, les pleurotes ont une texture veloutée et une saveur douce.

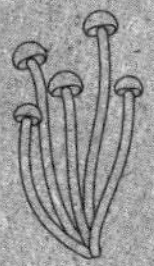

Enoki : au Japon, il est presque autant cultivé que le shiitaké. Ces petits champignons blancs au pied très allongé sont vendus sous forme de bouquet. Leur goût est frais et délicat, leur texture légèrement croquante et leur visuel attrayant. Ils se mangent cuits ou crus, et sont parfaits dans les soupes ou avec une viande.

Il existe aussi depuis quelques années des « kits prêts à l'emploi » pour avoir le plaisir de faire pousser des champignons chez soi et observer leur développement.

À LA DÉCOUVERTE CULINAIRE DE 30 CHAMPIGNONS COMESTIBLES

AMANITE DES CÉSARS

Amanita caesarea

Qualité gustative

Saison et lieu de pousse

L'amanite des Césars, aussi appelée « oronge », pousse du mois d'août à novembre, surtout dans les forêts de feuillus (chênes, châtaigniers...) des régions méridionales, dont elle apprécie les fortes chaleurs.

Description

Son chapeau est d'un bel orangé vif à rouge orangé, et peut atteindre 20 cm de diamètre. Sous le chapeau, les lames sont jaune vif. Le pied est jaune, avec un anneau en forme de jupe, et une volve blanche assez épaisse à la base. La chair est jaune, comme les lames et le pied, et son odeur est faible mais agréable.

Ses atouts en cuisine

• Le « Graal » des champignons, connu depuis la Rome antique où il était réservé aux empereurs
• Ses belles couleurs orangé et jaune vif
• Nul besoin d'aromates, sa saveur exceptionnelle se suffit à elle-même

Précautions

Attention aux confusions avec l'amanite tue-mouches (toxique), la pluie pouvant faire disparaître ses flocons blancs et délaver ses couleurs.

Les recettes

➤ **Feuilleté de bar, épinards et amanites des Césars p. 152**
➤ **Amanites des Césars farcies en persillade p. 154**

BOLET À PIED ROUGE

Neoboletus erythropus

Qualité gustative

Saison et lieu de pousse

On le rencontre de juin à novembre, dans les forêts de feuillus et de conifères.

Description

Son chapeau, d'un beau brun chocolat uniforme à brun rougeâtre, est sec et feutré. Sous le chapeau, les pores sont fins, orangés à rouge vif, et bleuissent vivement au toucher. Le pied est épais, jaune à jaune orangé, et moucheté de minuscules points rouge vif très denses. La chair est jaune vif et bleuit très fortement à la coupe. Son odeur est faible.

Ses atouts en cuisine

- Un très bon comestible à la saveur proche de celle des cèpes
- Une texture ferme et une bonne tenue à la cuisson
- Un nettoyage facile car il est peu parasité

Précautions

À savoir : le bleuissement de sa chair disparaît à la cuisson.
Consommez-le bien cuit car il est toxique cru (causant des troubles digestifs).

Les recettes

➤ **Betterave rôtie, pickles de bolets à pied rouge et feta p. 100**
➤ **Bento de bolets à pied rouge en trois façons p. 102**

BOLET JAUNE

Suillus luteus

Qualité gustative

Saison et lieu de pousse

Le bolet jaune, appelé aussi « nonnette voilée », pousse exclusivement sous les pins, du mois d'août au mois de novembre.

Description

Son chapeau, d'un brun tirant vers le jaune, brun-pourpre ou brun-chocolat, est très visqueux. Sous le chapeau, les pores sont fins, jaune vif puis olivâtres. Le pied est blanc, puis jaune, teinté de brunâtre à la base. Il est orné d'un anneau assez ample, blanchâtre et violet en dessous. La chair est épaisse, de couleur crème à jaunâtre, et son odeur est faible et fruitée.

Ses atouts en cuisine

• Une saveur douce et agréable, légèrement acidulée

Précautions

Pelez la couche visqueuse du chapeau avant de le préparer car elle est amère et laxative. Consommez-le en petites quantités : à forte dose, il peut causer des désordres intestinaux. Attention aux confusions avec le bolet Satan, toxique, lui aussi à pores rouges.

La recette

➤ Mantar dalmasi (bolets jaunes garnis fromage et volaille) p. 104

BOLET ORANGÉ DES CHÊNES

Leccinum aurantiacum

Qualité gustative 

Saison et lieu de pousse

Il pousse en automne, de septembre à novembre, dans les forêts de feuillus.

Description

Son chapeau est orangé vif à rougeâtre, d'aspect sec et lisse, avec le bord débordant sur les pores en dessous. Sous le chapeau, les pores sont blancs puis grisâtres et enfin brun-gris. Le pied est allongé, blanc, et couvert de fines écailles roussâtres puis noirâtres. La chair est blanche, devenant rose, gris-lilas et enfin gris noirâtre à la coupe. Son odeur est faible.

Ses atouts en cuisine

- Un comestible apprécié pour sa saveur douce
- Son goût est renforcé lorsqu'il est séché

Précautions

À savoir : sa chair se colore en noir à la cuisson.
- Supprimez les pores avant cuisson pour éviter une texture gluante.
- Préférez les jeunes spécimens et rejetez le pied fibreux et coriace.

La recette

➤ **Bolets orangés des chênes comme un menemen turc p. 98**

CÈPE DE BORDEAUX

Boletus edulis

Qualité gustative

Saison et lieu de pousse

Il pousse surtout en automne, de septembre à novembre, dans les forêts de feuillus et de conifères.

Description

Son chapeau est brun clair à brun sombre avec un liseré blanchâtre sur le bord. Sous le chapeau, les pores sont fins, blancs puis jaunes à olivâtres. Le pied est robuste, blanchâtre à brun clair, avec un réseau clair au sommet. La chair est blanche, à odeur forte et très agréable.

Ses atouts en cuisine

- Son petit goût de noisette
- Séché, sa saveur est encore plus concentrée
- Finement tranché ou en bouchon de champagne, il a belle allure dans l'assiette
- Se prête à une multitude de préparations et de conservations

Précautions

Attention aux confusions avec le bolet amer, dont l'amertume extrême peut gâcher tout le plat !
Ne le consommez pas lorsque les pores sont olivâtres, le cèpe est alors trop vieux.
Pour le nettoyer, évitez de le tremper dans l'eau, utilisez plutôt une brosse ou un chiffon humide.

Les recettes

➤ **Risotto aux cèpes de Bordeaux p. 86**
➤ **Burger aux cèpes de Bordeaux p. 88**
➤ **Salade aux cèpes de Bordeaux p. 90**

CÈPE DES PINS

Boletus pinophilus

Qualité gustative

Saison et lieu de pousse

Peu fréquent et surtout rencontré dans le Sud, il pousse de mai à juin, puis de septembre à novembre, dans les forêts de feuillus et de conifères.

Description

Son chapeau est d'un beau brun-rouge sombre à acajou, lisse, et finement poudré de blanchâtre. Sous le chapeau, les pores sont fins, blancs puis jaunes et enfin olivâtres.
Le pied est obèse puis allongé, ocre brun à roussâtre avec un léger réseau brun. La chair est blanche et exhale une odeur agréable.

Ses atouts en cuisine

- Sa saveur de grande qualité, à l'arôme très fin
- Séché, son goût est encore plus concentré
- Se prête à une multitude de préparations et conservations

Précautions

Attention aux confusions avec le bolet amer, dont l'amertume extrême peut gâcher tout le plat !
Consommez-le de préférence jeune, car sa chair devient vite molle et véreuse.
Pour le nettoyer, évitez de le tremper dans l'eau, utilisez plutôt une brosse ou un chiffon humide.

La recette

➤ **Cèpes des pins rôtis au poireau brûlé, vinaigrette de cèpes p. 96**

CÈPE D'ÉTÉ

Boletus aestivalis

Qualité gustative

Saison et lieu de pousse

C'est le cèpe le plus précoce, on le rencontre de mai à septembre, dans les forêts de feuillus (chênes, hêtres...).

Description

Son chapeau est brun chaud à brun châtain ou café au lait clair, sec et finement feutré. Sous le chapeau, les pores sont fins, blancs puis jaunes à olivâtres. Le pied est robuste et allongé, beige à brun pâle, avec un réseau blanc net. La chair est blanche, et exhale une odeur forte et agréable de noix.

Ses atouts en cuisine

- Sa saveur légèrement sucrée
- Séché, son goût est encore plus concentré
- Se prête à une multitude de préparations et conservations

Précautions

Attention aux confusions avec le bolet amer, dont l'amertume extrême peut gâcher tout le plat !
Consommez-le de préférence jeune, car sa chair devient vite molle et véreuse.
Pour le nettoyer, évitez de le tremper dans l'eau, utilisez plutôt une brosse ou un chiffon humide.

Les recettes

➤ **Daurade en écailles de cèpe, crème de lard aux cèpes d'été p. 92**

➤ **Salade de cèpes d'été, pommes et noix p. 94**

CHANTERELLE EN TUBE

Craterellus tubaeformis

Qualité gustative 

Saison et lieu de pousse

Très commune, on la trouve surtout dans les forêts de conifères, souvent en grand groupe, de septembre à décembre

Description

Son chapeau, brun-jaune à brun grisâtre, est en forme d'entonnoir avec un bord ondulé. Sous le chapeau, on observe des plis bien formés et fourchus, gris-brun à gris jaunâtre. Son pied est lisse et creux, de couleur ocre-jaune plus ou moins terne. Sa chair est très mince, à odeur faible et fruitée.

Ses atouts en cuisine

- Un champignon très parfumé, qui se marie parfaitement avec la viande
- Une taille modeste mais souvent de belles récoltes
- Se prête bien au séchage (on peut ensuite la réduire en poudre pour condimenter un plat)

Précautions

Pour la nettoyer, coupez-la en deux afin d'éliminer toute saleté ou parasite, et évitez de la tremper dans l'eau, elle perdrait toute sa saveur.

Les recettes

➤ **Raviolis de chanterelles en tube et lard p. 134**

➤ **Curry de chanterelles en tube et garlic naan p. 136**

CHANTERELLE JAUNE

Craterellus lutescens

Qualité gustative

Saison et lieu de pousse

On la rencontre dans les forêts de conifères, souvent en grand groupe, du mois d'août au mois de novembre. Elle est très abondante dans les pinèdes des Landes.

Description

Son chapeau, brun-jaune à brun châtain, est en forme d'entonnoir avec le bord ondulé. Le dessous du chapeau est presque lisse ou présente des veines irrégulières peu marquées, orangées à jaune pâle plus ou moins grisâtres. Le pied est lisse et creux, de couleur jaune à jaune orangé. Sa chair est mince et élastique, avec une odeur forte et fruitée.

Ses atouts en cuisine

- Parmi les meilleurs champignons comestibles, au goût très parfumé
- Se marie parfaitement avec les viandes, délicieuse dans les sauces
- Se prête bien au séchage (on peut ensuite la réduire en poudre pour condimenter un plat)

Précautions

Pour la nettoyer, coupez-la en deux afin d'éliminer toute saleté ou parasite, et évitez de la tremper dans l'eau, elle perdrait toute sa saveur.

Les recettes

➤ **Pâtes fraîches et chanterelles jaunes à la crème p. 138**
➤ **Millefeuille de chanterelles jaunes au foie gras p. 140**

CLAVAIRE CRÉPUE

Sparassis crispa

Qualité gustative 

Saison et lieu de pousse

On la rencontre en été et en automne, de juillet à novembre, au pied des conifères, surtout les pins.

Description

Sa forme fait penser à une éponge ou à un chou-fleur, pouvant atteindre 40 cm de large. Elle est composée de rameaux compacts, aplatis et ondulés, de couleur blanc à crème puis ocre brun. Le pied prend la forme d'un tronc épais et court, d'où partent les rameaux. La chair est blanche et élastique. Son odeur est agréable, avec des notes de cannelle ou de plantes aromatiques.

Ses atouts en cuisine

- Sa bonne saveur de noix
- Sa texture délicatement croquante
- Sa forme originale et surprenante

Précautions

Préférez les sujets jeunes car la clavaire crépue devient amère en vieillissant.
Un nettoyage en profondeur s'impose ! Pour cela, trempez-la dans une eau vinaigrée (contrairement aux autres champignons, elle ne craint pas l'eau), puis blanchissez-la quelques minutes.

Les recettes

➤ **Entrecôte maturée, jaune d'œuf mariné et poêlée de clavaires crépues p. 144**
➤ **Clavaires crépues panées et frites, sauce curry p. 146**

CLITOCYBE ODORANT

Clitocybe odora

Qualité gustative 

Saison et lieu de pousse

Le clitocybe odorant pousse en automne, de septembre à novembre, surtout dans les forêts de feuillus. Il est assez répandu et facilement reconnaissable.

Description

Son chapeau est mat, de couleur vert d'eau à vert-de-gris, pâlissant avec l'âge. Sous le chapeau, les lames sont crème à verdâtre. Le pied est blanchâtre ou légèrement teinté de bleu-vert. La chair est blanchâtre à bleu-vert pâle, un peu élastique. Sa forte odeur d'anis peut parfois se repérer à distance !

Ses atouts en cuisine

- Sa saveur originale et marquée, très anisée
- Un ou deux spécimens suffisent à parfumer un plat
- Parfois utilisé dans la confection de glaces

Précautions

Attention aux confusions avec la strophaire bleue (à rejeter).
Retirez le pied, trop coriace, avant de le préparer.

Les recettes

➤ **Gnocchis de clitocybes odorants, persillade et sauge p. 148**
➤ **Crabe en crème de clitocybes odorants, petits pois p. 150**

COLLYBIE À PIED VELOUTÉ

Flammulina velutipes

Qualité gustative 

Saison et lieu de pousse

Une des rares espèces que l'on trouve en hiver, de septembre à février. Elle pousse en touffe, exclusivement sur le bois de feuillus.

Description

Son chapeau, nettement visqueux, est jaune orangé à brun-roux orangé, avec le bord plus clair. Sous le chapeau, les lames sont espacées, blanches à crème, et enfin jaunâtres. Son pied est typiquement velouté, brun-noir à la base et jaune au sommet. Sa chair est mince, de couleur crème. Son odeur est faible.

Ses atouts en cuisine

- Son goût délicatement fruité
- Sa texture agréable, un peu élastique

Le saviez-vous ? Une espèce cousine, *Flammulina filiformis*, est largement cultivée et appréciée en Asie, on la trouve dans le commerce sous le nom « enoki ». Elle est plus pâle et allongée que l'espèce sauvage.

Précautions

Éliminez le pied trop coriace avant de le cuisiner.
Attention aux confusions avec la galère marginée (mortelle), ou l'hypholome en touffe (toxique).

La recette

➤ **Gravelax de saumon à la betterave, collybies à pied velouté p. 142**

COPRIN CHEVELU

Coprinus comatus

Qualité gustative

Saison et lieu de pousse

Il pousse d'avril à novembre, dans les prés ou sur les pelouses, au bord des routes ou des chemins, en lisière des forêts...

Description

Son chapeau, couvert de mèches blanches, est d'abord cylindrique puis s'évase en cloche avec l'âge. Il est blanc, noircissant à partir du bas. Les lames sont blanches puis roses, et enfin noires, se liquéfiant comme de l'encre en vieillissant. Le pied est blanc et élancé, creux et fragile, orné d'un anneau mince. Sa chair est blanche, très déliquescente.
Son odeur est faible.

Ses atouts en cuisine

- Sa saveur délicieuse, au goût subtil d'amande et de noisette
- Sa texture fondante très appréciée

Précautions

Il doit être cueilli entièrement blanc et encore fermé.
Ne tardez pas à le consommer ! Il continue à mûrir après cueillette et peut rapidement noircir.
Évitez de le cueillir aux abords des routes, les champignons ont tendance à absorber la pollution des sols.

Les recettes

➤ **Chou-fleur et coprins chevelus grillés, épices douces p. 156**
➤ **Cassolette de fruits de mer aux coprins chevelus, beurre d'algues p. 158**

COULEMELLE

Macrolepiota procera

Qualité gustative

Saison et lieu de pousse

La coulemelle, nommée aussi « lépiote élevée », pousse de septembre à novembre, dans les bois clairs de feuillus, les prairies, les lisières de forêt...

Description

Son chapeau, qui peut atteindre 25 à 30 cm, est recouvert d'écailles brunes sur un fond plus clair, avec un mamelon sombre au centre. Les lames sous le chapeau sont blanches ou crème. Le pied est fin et allongé, chiné, avec un anneau coulissant et un bulbe à la base. Sa chair est blanche, tendre, avec une odeur forte et fruitée, ou de beurre fondu.

Ses atouts en cuisine

- Sa saveur délicate de noisette
- Sa texture fondante
- Le chapeau peut se cuisiner entier, pané, comme une escalope milanaise

Précautions

Attention aux confusions avec les petites lépiotes, toxiques voire mortelles !
L'anneau doit impérativement être coulissant sur le pied.
Ne jamais ramasser un exemplaire de moins de 15 cm de haut.

Les recettes

➤ **Yakisoba aux coulemelles p. 120**
➤ **Gyozas aux coulemelles et sésame, p. 122**
➤ **Brochettes de bœuf, coulemelles caramélisées sauce soja p. 124**

FAUX-MOUSSERON

Marasmius oreades

Qualité gustative

Saison et lieu de pousse

Le faux-mousseron, de son autre nom « marasme des Oréades », se trouve de mai à novembre, dans les prés et prairies, pelouses et jardins. Il est très commun et pousse souvent en rond de sorcière.

Description

Son chapeau, de 2 à 6 cm de diamètre, est brun-roux à beige crème, avec le centre plus sombre et mamelonné, et un bord souvent ondulé ou crénelé. Sous le chapeau, les lames de couleur crème sont espacées. Le pied, crème à roussâtre, est fin et très coriace. La chair est blanche et élastique, et son odeur est agréable et acidulée, avec des notes d'amande amère.

Ses atouts en cuisine

- Son délicieux goût de noisette
- Une taille modeste mais des récoltes souvent abondantes
- Se prête bien au séchage pour la conservation

Précautions

Supprimez le pied, bien trop coriace, avant de le préparer.

Les recettes

➤ **Cheese toast aux faux-mousserons p. 178**
➤ **Confit d'agneau faux-mousserons p. 180**
➤ **Filet mignon, faux-mousserons et crème d'estragon p. 182**
➤ **Œuf cocotte aux faux-mousserons p. 184**
➤ **Salade de pissenlits, cromesquis de faux-mousserons et gésiers poêlés p. 186**

GIROLLE

Cantharellus cibarius

Qualité gustative

Saison et lieu de pousse

On la trouve dès le mois de juin et jusqu'au mois de novembre, dans les forêts de feuillus et de conifères.

Description

Son chapeau, d'un beau jaune vif, est charnu et s'évase vite en entonnoir, avec un bord enroulé. Les plis sous le chapeau sont espacés et fourchus. Son pied est charnu, et sa chair est jaune à blanchâtre. Elle dégage une odeur forte, typique, de mirabelle ou d'abricot.

Ses atouts en cuisine

- Sa saveur inimitable, fruitée, légèrement poivrée et savoureuse
- Sa couleur jaune et sa jolie forme pour une présentation appétissante
- Sa texture ferme et une excellente tenue à la cuisson
- Se marie à merveille avec les œufs ou la viande blanche

Précautions

Attention aux confusions avec le faux-clitocybe lumineux (très toxique). Pour la nettoyer, évitez de la tremper dans l'eau, elle perdrait de sa saveur. À cause de son succès, cette espèce est aujourd'hui en forte régression, ne ramassez donc que ce dont vous avez besoin pour cuisiner.

Les recettes

➤ **Omelette aux girolles et fines herbes p. 74**
➤ **Bouillon de volaille aux girolles et vermicelles p. 76**
➤ **Gratin dauphinois, crème de girolles au comté p. 78**

LACTAIRE DÉLICIEUX

Lactarius deliciosus

Qualité gustative 

Saison et lieu de pousse

On le trouve dans les forêts de conifères, uniquement sous les pins, du mois de septembre au mois de novembre.

Description

Son chapeau, de couleur brun orangé à saumon, est marqué de zones concentriques plus sombres et verdit avec le temps. Il est lisse, vite creusé en son centre, et légèrement visqueux. Ses lames sont saumon à orange vif, puis tachées de vert. Le pied est orangé avec quelques fossettes plus sombres. La chair, également orangée, est épaisse et cassante. Elle exsude un peu de lait orange vif. Son odeur est fruitée.

Ses atouts en cuisine

- Sa texture ferme et croquante
- Une bonne tenue à la cuisson
- Très apprécié conservé dans du vinaigre avec des aromates

Précautions

Attention aux confusions avec le lactaire des épicéas, poussant uniquement sous ces derniers, très semblable mais au goût bien moins agréable !
Pour le nettoyer, évitez de le tremper dans l'eau, utilisez plutôt une brosse ou un chiffon humide.

Les recettes

➤ **Tartine houmous et lactaires délicieux p. 166**
➤ **Bœuf Wellington aux lactaires délicieux p. 168**

LACTAIRE SANGUIN

Lactarius sanguifluus

Qualité gustative

Saison et lieu de pousse

On le trouve dans le sud de la France, uniquement sous les pins, du mois d'août au mois de décembre.

Description

Son chapeau, un peu visqueux et creusé en son centre, est orangé à rosâtre, verdissant avec l'âge. Sous le chapeau, les lames sont serrées, rose vineux pâle et puis rouge vineux dans les blessures. Le pied est beige à rose vineux, blanchâtre au sommet, avec parfois des fossettes plus sombres. La chair est épaisse, cassante, rouge à brun vineux. Elle exsude un peu de lait rouge sang à rouge vineux. Son odeur est faible et fruitée.

Ses atouts en cuisine

- Sa grande saveur, c'est le meilleur de tous les lactaires
- Sa texture ferme en bouche, un peu croquante
- Délicieux simplement grillé ou poêlé avec de l'huile d'olive et des aromates
- Se marie parfaitement avec les viandes grillées

Précautions

Nettoyez-le de préférence à sec, avec une brosse ou un chiffon humide, pour qu'il conserve toute sa saveur.

Les recettes

➤ **Feuilletés de lactaires sanguins p. 68**
➤ **Lieu jaune grillé, crumble de lactaires sanguins p. 70**
➤ **Salade de lactaires sanguins au comté p. 72**

MORILLE BLONDE

Morchella esculenta

Qualité gustative

Saison et lieu de pousse

Elle pousse au printemps, de mars à juin, dans les bois clairs de feuillus, souvent sous les frênes, dans les endroits frais.

Description

Son chapeau, de couleur ocre-crème à gris-jaune, est arrondi et composé d'alvéoles irrégulières. Son pied blanc-crème est soudé au chapeau. À la coupe, le pied et le chapeau sont creux. La chair est mince et fragile, de couleur crème. Son odeur est faible mais agréable.

Ses atouts en cuisine

- Un des meilleurs champignons, souvent à la carte des tables gastronomiques
- Son goût délicieux, fin et puissant
- Une petite quantité suffit à parfumer tout un plat
- Se marie parfaitement avec la crème, le vin blanc et les échalotes

Précautions

Attention aux confusions avec le gyromitre, responsable d'intoxications mortelles.
Un nettoyage minutieux s'impose, car les alvéoles peuvent abriter de nombreux parasites ou saletés.
La morille doit impérativement être bien cuite, car elle est toxique crue.

Les recettes

➤ **Empanadas aux morilles blondes p. 106**
➤ **Sandwich du randonneur-cueilleur p. 108**

MORILLE CONIQUE

Morchella elata

Qualité gustative

Saison et lieu de pousse

Elle est assez rare et se trouve plus volontiers à partir de 500 mètres d'altitude, de mars à juin, dans les forêts de feuillus et de conifères, souvent sous les frênes, dans les endroits frais.

Description

Son chapeau, de couleur brun-beige à brun noirâtre, est allongé ou conique et composé d'alvéoles étroites et irrégulières. Son pied blanc-crème est granuleux et soudé au chapeau. À la coupe, le pied et le chapeau sont creux. La chair est mince, de couleur crème. Son odeur est faible mais agréable.

Ses atouts en cuisine

- La meilleure des morilles, au goût raffiné et puissant
- Une petite quantité suffit à parfumer tout un plat
- Se marie parfaitement avec la crème, le vin blanc et les échalotes

Précautions

Attention aux confusions avec le gyromitre, responsable d'intoxications mortelles.
Un nettoyage minutieux s'impose, car ses alvéoles peuvent abriter de nombreux parasites ou saletés.
La morille doit impérativement être bien cuite, car elle est toxique crue.

Les recettes

➤ **Fondue forestière aux morilles coniques p. 110**
➤ **Poulet aux morilles coniques, crème de vin jaune p. 112**

PIED-BLEU

Lepista nuda

Qualité gustative

Saison et lieu de pousse

Ce beau champignon à la couleur étonnante se cueille de septembre à décembre, parfois même après les premières gelées, dans les forêts de feuillus et de conifères, au bord des chemins...

Description

Son chapeau est violet pâle, lilas ou brun-lilas, taché de roussâtre en vieillissant et plus pâle par temps sec. Ses lames sont serrées, lilas vif à bleu-lilas, et se détachent aisément du chapeau. Le pied, de la même couleur que les lames, est finement poudré de blanchâtre et légèrement bulbeux à la base. La chair est épaisse, lilas pâle à blanc bleuté. Son odeur est agréable, fruitée, dite « de pharmacie ».

Ses atouts en cuisine

- Son goût prononcé, très aromatique
- Se conserve très bien
- Un nettoyage facile car il est peu parasité

Précautions

Certains préfèrent adoucir son goût puissant en le blanchissant quelques minutes.

La recette

➤ **Pieds-bleus et poitrine de porc confits aux fruits rouges p. 160**

PIED-DE-MOUTON

Hydnum repandum

Qualité gustative

Saison et lieu de pousse

On le rencontre en automne, de septembre à décembre, dans les forêts de feuillus et de conifères.

Description

Son chapeau, de couleur crème à brun clair ou orangé, est charnu et à bord enroulé lorsqu'il est jeune. Le dessous du chapeau est composé de fins aiguillons très serrés, de couleur crème. Le pied est blanc, épais. Sa chair, blanche à crème, est ferme et cassante. Son odeur est agréablement fruitée.

Ses atouts en cuisine

- Sa texture ferme, un peu croquante
- Sa bonne tenue à la cuisson
- Remplace le champignon de Paris dans n'importe quelle recette

Précautions

Préférez les jeunes spécimens, les plus vieux peuvent être un peu amers.
Lors du nettoyage, retirez les aiguillons des gros spécimens avec une brosse pour éviter l'amertume.

Les recettes

➤ **Quiche aux pieds-de-mouton p. 174**
➤ **Pieds-de-mouton et maquereau brûlé en pâte de miso p. 176**

PLEUROTE EN FORME D'HUÎTRE

Pleurotus ostreatus

Qualité gustative 

Saison et lieu de pousse

Il pousse sur les souches ou le bois mort de feuillus, de l'automne jusqu'à la fin de l'hiver (octobre à mars).

Description

Son chapeau, en éventail et poussant souvent en touffe compacte, est de couleur très variable, de gris brunâtre à gris bleuté ou dans les tons beige. Les lames sont blanches à crème, et le pied est blanc, très court et latéral. La chair est blanche et assez élastique. Son odeur est agréable.

Ses atouts en cuisine

- Le pied peut être haché et rissolé à part pour obtenir une délicieuse chapelure grillée !
- Sa saveur qui s'accorde bien avec les viandes rouges
- Se trouve toute l'année dans le commerce car c'est aussi un champignon de culture

Précautions

Rejetez les vieux spécimens, à la chair trop coriace.
Nettoyez avec soin les spécimens adultes pouvant être envahis par des larves.

Les recettes

➤ **Rascasse, bouillon aux pleurotes grillés p. 80**
➤ **Tatin d'oignons acidulée aux pleurotes p. 82**
➤ **Magret de canard, pleurotes glacés au vin rouge p. 84**

POLYPORE SOUFRÉ

Laetiporus sulphureus

Qualité gustative 

Saison et lieu de pousse

Le polypore soufré, également appelé « poulet-des-bois », se trouve de mai à novembre, exclusivement sur le bois mort ou vivant des chênes et des châtaigniers.

Description

Il est formé de nombreux chapeaux en éventail superposés, de couleur jaune soufre avec des zones plus foncées, orange vif. Par temps sec, sa couleur devient plus pâle. Sous le chapeau, les pores sont très fins, jaune soufre ou plus pâle, et crème en séchant. Il n'a pas de pied et sa chair est blanchâtre à jaunâtre, plutôt molle, exsudant à la coupe un liquide jaune. Son odeur est agréable.

Ses atouts en cuisine

- La texture surprenante de sa chair qui ressemble à du blanc de poulet
- Sa saveur acidulée au goût subtil de volaille
- Peut être utilisé comme un substitut du poulet dans les régimes végétariens

Précautions

Cueillez-le très jeune, quand il est encore tendre (avec l'âge, sa chair devient cassante et crayeuse).

Les recettes

➤ **Nuggets de polypores soufrés, mayonnaise moutardée maison p. 170**

➤ **Polenta crémeuse aux polypores soufrés p. 172**

ROSÉ-DES-PRÉS

Agaricus campestris

Qualité gustative

Saison et lieu de pousse

Il pousse d'août à novembre, dans les prés et prairies, les pâturages, les jardins ou les pelouses.

Description

Son chapeau, d'abord globuleux puis plus étalé, est blanc pur puis blanc-gris à maturité. Sous le chapeau, les lames sont roses quand le sujet est jeune, puis brun chocolat. Le pied est blanc, s'affinant en fuseau à la base, et orné d'un anneau blanc mince qui disparaît avec le temps. Sa chair est blanche, et son odeur est agréable.

Ses atouts en cuisine

- Un proche parent du champignon de Paris, mais de qualité bien supérieure !
- Se prête à une multitude de préparations et de conservations

Précautions

Préférez les jeunes spécimens, aux lames bien roses.
Pour le nettoyer, évitez de le tremper dans l'eau, il perdrait de sa saveur.
Attention aux confusions avec les amanites blanches (mortelles) et l'agaric jaunissant (toxique).

La recette

➤ **Antipasti de rosés-des-prés marinés p. 162**

RUSSULE ÉCREVISSE

Russula xerampelina

Qualité gustative

Saison et lieu de pousse

On rencontre la russule écrevisse, également appelée « russule feuille-morte », dans les forêts de conifères, surtout sous les pins, du mois de juillet au mois de novembre.

Description

Son chapeau, d'un beau rouge-pourpre à rose-pourpre, est noirâtre en son centre et creusé avec l'âge. Les lames sont blanches puis ocre-crème. Le pied est blanc, avec des nuances de rose-rouge. La chair est blanche, cassante comme une craie, et brunissant aux blessures. Son odeur est forte et typique, d'écrevisse en train de cuire, ou de hareng.

Ses atouts en cuisine

- Sa saveur originale de crustacé
- Sa chair ferme, agréable en bouche

Précautions

Pour la nettoyer, évitez de la tremper dans l'eau, elle perdrait de sa saveur.

La recette

➤ **Soupe chinoise aux russules écrevisse p. 118**

TRICHOLOME
DE LA SAINT-GEORGES

Calocybe gambosa

Qualité gustative

Saison et lieu de pousse

On le trouve dans les prés et les prairies, les pelouses ou les lisières de bois, souvent en rond de sorcière, uniquement au printemps, de mars à juin.

Description

Son chapeau, de couleur blanc à beige, parfois teinté d'ocre roux, est charnu, irrégulier et bosselé, avec le bord longtemps enroulé. Sous le chapeau, les lames sont blanches à crème et très serrées. Son pied est blanc puis crème, assez robuste. La chair est épaisse et ferme, de couleur blanche. Son odeur de farine fraîche est forte et agréable.

Ses atouts en cuisine

- Sa saveur marquée et originale, de farine fraîche
- Reconnu par certains comme l'un des meilleurs champignons comestibles !
- Peut se décliner en version sucrée

Précautions

Certains préfèrent adoucir son goût en le blanchissant quelques minutes.
Consommez-le bien cuit pour qu'il soit plus digeste.
Attention aux confusions avec les amanites blanches (mortelles) et l'entolome livide (toxique).

La recette

➤ **Cabillaud en croûte de tricholomes de la Saint-Georges p. 164**

TROMPETTE-DES-MORTS

Craterellus cornucopioides

Qualité gustative

Saison et lieu de pousse

Elle pousse à l'automne, de septembre à décembre, souvent en groupe très important dans les forêts de feuillus.

Description

La trompette-des-morts se reconnaît à la forme typique de son chapeau en entonnoir, au bord irrégulier et ondulé, et à sa couleur sombre allant du gris cendré au brun-noir. La surface extérieure lisse ou un peu ridée est un peu plus claire. Son pied, dans la continuité du chapeau, est entièrement creux. Sa chair est mince, noire, un peu élastique. Elle dégage une odeur forte et agréable.

Ses atouts en cuisine

- Sa saveur forte, puissante, très parfumée
- Sa couleur noire qui apporte du contraste dans un plat
- Se prête bien au séchage (on peut ensuite la réduire en poudre pour condimenter un plat)

Les recettes

➤ **Potimarron farci aux trompettes-des-morts p. 114**
➤ **Terrine de porc simplifiée aux trompettes-des-morts p. 116**

TRUFFE D'ÉTÉ

Tuber aestivum

Qualité gustative

Saison et lieu de pousse

La truffe d'été affleure à la surface des sols, sous les chênes et les noisetiers, aux mêmes endroits que la truffe noire, de mai à août. Elle pousse de préférence dans le sud de la France et le Périgord. Un chien truffier est, comme pour la truffe noire, très utile pour la localiser !

Description

Sa forme globuleuse est plutôt irrégulière et rappelle parfois un rognon. Elle est ornée de petites verrues pyramidales brunes à noires. Sa chair est d'abord blanche puis beige noisette à maturité et parcourue de veines blanches à jaunâtres. Son odeur est délicate, avec des notes de chou rave, de noisettes ou de sous-bois.

Ses atouts en cuisine

- Plus douce que la truffe noire, elle est subtile et longue en bouche
- Se marie à merveille avec le poisson blanc
- Sublime joliment les recettes estivales

Précautions

Ne supportant pas la cuisson, elle se consomme fraîche, finement tranchée ou râpée. Attention à sa durée de conservation limitée, d'à peine quelques jours.

Les recettes

➤ **Asperges à la truffe d'été, sauce béarnaise p. 130**
➤ **Pizza à la truffe d'été, épinards et gorgonzola p. 132**

TRUFFE NOIRE

Tuber melanosporum

Qualité gustative

Saison et lieu de pousse

La fameuse truffe noire se développe sous terre, surtout sous les chênes et les noisetiers, principalement en hiver, de décembre à mars. Ses régions de prédilection sont le Périgord, et plus largement le sud de la France. Certains animaux, comme le cochon, le chien ou une mouche particulière sont très utiles pour la trouver !

Description

En forme de boule plus ou moins régulière, de 2 à 10 cm de diamètre, elle est recouverte de petites verrues pyramidales noires. Sa chair est ferme, noire et marbrée de blanc à maturité. Son odeur est forte, suave, et très aromatique.

Ses atouts en cuisine

- Le « diamant noir » de la cuisine, à la saveur unique !
- Son arôme puissant et complexe
- Simplement râpée, elle suffit à sublimer un plat

Précautions

La saison de récolte est soumise à des règles, avec des dates d'ouverture et de fermeture bien définies : veillez donc à les respecter sous peine d'amendes !

Les recettes

➤ **Saint-jacques, chips de lard et crème de chou-fleur à la truffe noire p. 126**
➤ **Velouté de champignons truffé, chips de kale p. 128**

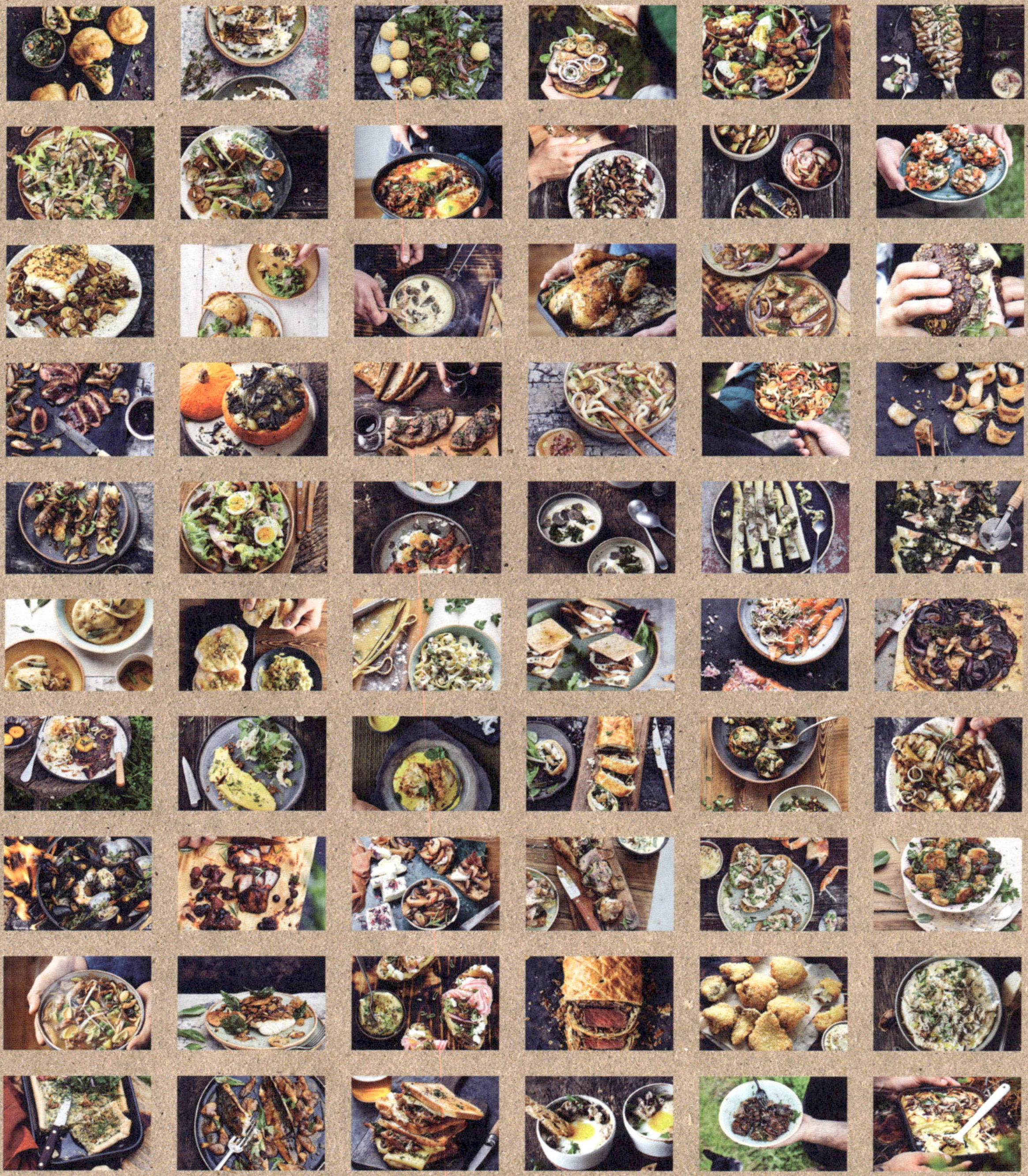

60 RECETTES POUR LES DÉGUSTER

Feuilletés de lactaires sanguins

Préparation : 20 min
Cuisson : 15 min
Pour 4 personnes

8 lactaires sanguins d'environ 7 cm de diamètre
2 rouleaux de pâte feuilletée
50 g d'amandes
50 g de parmesan
1 gousse d'ail
10 cl d'huile d'olive
½ botte de persil
Sel et poivre

Préchauffez le four à 180 °C (th. 6).

Taillez la base du pied des champignons et brossez-les avec un pinceau humide.

Taillez les 2 rouleaux de pâte feuilletée en 4 quartiers afin d'obtenir 8 morceaux. Disposez 1 champignon, le pied en haut, au centre de chaque morceau de pâte. Salez et poivrez. Emprisonnez les champignons dans la pâte. Coupez l'excédent et disposez-les sur une ou deux plaques de cuisson.

Enfournez pour 15 minutes. Les feuilletés doivent être bien dorés. Prolongez légèrement la cuisson si nécessaire.

Effeuillez et ciselez le persil. Concassez les amandes. Râpez l'ail et le parmesan. Mélangez les amandes, le parmesan, l'ail, l'huile d'olive et le persil avec du sel et du poivre.

Servez les feuilletés bien chauds avec le pesto maison.

Le lactaire sanguin a un goût plutôt doux et fruité pouvant développer des saveurs légèrement aigres et amères.

Dans cette recette, vous pouvez remplacer ce champignon par le shiitaké.

Lieu jaune grillé, crumble de lactaires sanguins

Préparation : 25 min
Cuisson : 15 min
Congélation : 15 min
Pour 4 personnes

4 pavés de lieu jaune de 160 g chacun
800 g de lactaires sanguins
1 botte d'oignons jeunes
2 branches de romarin
25 g d'amandes effilées
40 g de parmesan
40 g de chapelure
50 g de beurre
Huile d'olive
Sel et poivre

Le lactaire sanguin a un goût plutôt doux et fruité pouvant développer des saveurs légèrement aigres et amères.

Dans cette recette, vous pouvez remplacer ce champignon par le shiitaké.

Préchauffez le four à 180 °C (th. 6).

Taillez la base du pied des champignons et brossez-les avec un pinceau humide.

Émincez grossièrement les champignons et les oignons. Effeuillez et ciselez le romarin. Râpez le parmesan.

Mélangez dans un grand bol les amandes, le parmesan, la chapelure et le beurre avec un peu de sel et de poivre. Étalez la préparation sur 0,5 cm d'épaisseur entre deux feuilles de papier sulfurisé. Réservez la préparation au congélateur pendant 15 minutes.

Salez et poivrez les poissons et disposez-les sur une plaque de cuisson.

Taillez au couteau 4 morceaux de crumble de la taille des pavés de poisson. Recouvrez chaque poisson d'un morceau de crumble.

Répartissez les champignons, les oignons et le romarin autour des pavés de poisson. Salez, poivrez et arrosez d'1 filet d'huile d'olive. Enfournez pour 15 minutes.

Servez les poissons en croûte avec les champignons rôtis.

Salade de lactaires sanguins au comté

Préparation : 20 min
Cuisson : 10 min
Pour 4 personnes

4 œufs
600 g de lactaires sanguins
4 salades sucrines
4 tranches de jambon blanc
2 tranches de pain frais ou sec
120 g de comté
¼ de botte de persil frisé
30 cl d'huile de tournesol
1 cuil. à soupe de vinaigre de vin
1 cuil. à soupe de moutarde
1 gousse d'ail
Sel et poivre

Plongez les œufs dans une casserole d'eau froide. Portez l'eau à ébullition. Comptez 5 minutes 30 secondes de cuisson à partir de l'ébullition, puis plongez-les dans un grand volume d'eau glacée pour stopper la cuisson.

Taillez la base du pied des champignons et brossez-les avec un pinceau humide. Émincez grossièrement les champignons.

Effeuillez et ciselez le persil. Épluchez et hachez l'ail. Taillez le pain en croûtons. Écalez et coupez les œufs en deux. Coupez la salade, le jambon et le comté en morceaux.

Fouettez 15 cl d'huile de tournesol avec le vinaigre de vin, la moutarde, l'ail, le persil, du sel et poivre dans un saladier.

Faites dorer les croûtons dans une poêle avec 10 cl d'huile de tournesol pendant 5 minutes. Salez et poivrez. Mélangez-les souvent. Une fois dorés, égouttez-les sur un papier absorbant.

Faites revenir dans une autre poêle les lactaires avec l'huile de tournesol restante pendant 5 minutes. Salez et poivrez.

Mélangez dans le saladier la salade avec le jambon blanc, le comté, les œufs, les croûtons et les lactaires. Salez et poivrez.

Le lactaire sanguin a un goût plutôt doux et fruité pouvant développer des saveurs légèrement aigres et amères.

Dans cette recette, vous pouvez remplacer ce champignon par le champignon de Paris.

Omelette aux girolles et fines herbes

Préparation : 10 min
Cuisson : 10 min
Pour 4 omelettes individuelles

12 œufs
400 g de girolles
3 brins de cerfeuil
3 brins de persil
3 brins de ciboulette
3 brins d'estragon
100 g de mesclun
50 g de beurre
10 cl d'huile d'olive
Sel et poivre

Coupez la base du pied des girolles et brossez-les avec un pinceau humide pour en extraire la terre et les impuretés.

Effeuillez et ciselez les herbes. Mélangez-les avec l'huile d'olive. Rincez le mesclun et coupez-le en morceaux.

Faites revenir les champignons dans une grande poêle antiadhésive bien chaude, avec 1 noix de beurre et du sel pendant 5 minutes.

Fouettez les œufs dans un saladier avec du sel et du poivre. Faites fondre 1 noix de beurre dans une petite poêle antiadhésive. Versez un quart des œufs dans la poêle. Faites cuire à feu moyen en grattant le fond de la poêle à la fourchette.

Versez un quart des champignons dans la poêle et faites rouler l'omelette sur elle-même pour les emprisonner. Renouvelez l'opération 3 fois pour obtenir 4 omelettes.

Servez chaque omelette avec un mesclun arrosé d'huile d'herbes, salez et poivrez-le.

Ajoutez une petite poignée de fromage râpé dans votre omelette juste avant de la rouler sur elle-même pour la servir.
La girolle a un goût légèrement poivré et fruité. Sa texture est ferme.
Vous pouvez la remplacer par des girolles congelées ou séchées.

Bouillon de volaille aux girolles et vermicelles

Préparation : 40 min
Cuisson : 3 h
Pour 4 personnes

1 carcasse de poulet en morceaux de chez votre boucher

2 cuisses de poulet désossées

4 échalotes

1 tête d'ail

400 g de girolles

200 g de petites pâtes ou vermicelles

200 g de petits pois (frais ou congelés)

100 g de farine

50 cl d'huile de friture

1 filet d'huile d'arachide ou de pépins de raisin

½ botte de thym

Sel

Faites revenir à feu moyen la carcasse dans une grande casserole avec 10 cl d'huile de friture pendant 20 minutes.

Épluchez l'ail et 2 échalotes. Versez les 2 échalotes, la tête d'ail et les trois quarts du thym dans la grande casserole, faites revenir pendant 3 minutes en mélangeant, puis ajoutez 2 litres d'eau. Laissez mijoter à feu doux pendant 3 heures. Filtrez le bouillon et jetez la carcasse et les légumes.

Plongez les pâtes dans une casserole d'eau bouillante salée et faites-les cuire le temps indiqué sur le paquet. Égouttez-les.

Coupez la base du pied des girolles et brossez-les avec un pinceau humide pour en extraire la terre et les impuretés.

Faites revenir les girolles avec 1 filet d'huile pendant 5 minutes. Émincez les échalotes restantes. De la même façon, faites revenir les échalotes et les petits pois avec 1 filet d'huile pendant 5 minutes.

Faites chauffer dans une petite casserole l'huile de friture restante à 190 °C. Coupez les cuisses de poulet en morceaux, roulez-les dans la farine, puis plongez-les dans l'huile chaude. Une fois bien dorés, égouttez les morceaux de poulet sur un papier absorbant.

Effeuillez le thym restant.

Répartissez dans des bols le bouillon, les pâtes, les champignons, les petits pois, les échalotes, le poulet frit et le thym. Salez le bouillon.

Vous pouvez aussi utiliser un bouillon de volaille déjà préparé pour économiser le temps de préparation et de cuisson.

La girolle a un goût légèrement poivré et fruité. Sa texture est ferme.

Vous pouvez la remplacer par le champignon de Paris.

Gratin dauphinois, crème de girolles au comté

Préparation : 30 min
Cuisson : 40 min
Pour 6 personnes

1,2 kg de pommes de terre
500 g de girolles
50 cl de lait
50 cl de crème liquide à 30 % de MG
200 g de comté râpé
3 gousses d'ail
2 pincées de noix de muscade
1 bouquet garni
20 g de beurre
Sel et poivre

Préchauffez le four à 180 °C (th. 6).

Épluchez et hachez l'ail.

Coupez la base du pied des girolles et brossez-les avec un pinceau humide pour en extraire la terre et les impuretés.

Taillez les pommes de terre en fines lamelles à l'aide d'une mandoline ou d'un couteau aiguisé. Répartissez-les avec le bouquet garni dans un plat à gratin.

Versez dans une casserole le lait, 20 cl de crème, l'équivalent de 2 gousses d'ail et la noix de muscade. Salez et poivrez généreusement. Portez à ébullition, puis versez dans le plat à gratin. Enfournez pour 40 minutes.

Faites revenir les girolles avec le beurre dans une casserole pendant 5 minutes. Ajoutez l'ail et la crème restants. Portez à ébullition et ajoutez le comté. Mélangez pendant 2 minutes sur feu doux pour faire fondre le fromage.

Versez la crème aux champignons sur le gratin et servez.

La girolle a un goût légèrement poivré et fruité.
Sa texture est ferme.
Vous pouvez la remplacer par le champignon de Paris.

Rascasse, bouillon aux pleurotes grillés

Préparation : 20 min
Cuisson : 15 min
Pour 4 personnes

4 pavés de rascasse
500 g de pleurotes
½ oignon rouge
1 gousse d'ail
3 brins d'aneth
15 cl de vin rouge
50 cl de fumet de poisson
Huile d'olive
Sel et poivre

Coupez la base du pied des pleurotes et brossez-les avec un pinceau humide pour en extraire la terre et les impuretés.

Épluchez et émincez l'oignon et l'ail. Effeuillez l'aneth.

Faites revenir les champignons avec 1 filet d'huile d'olive pendant 5 minutes dans une poêle. Ajoutez l'oignon rouge et l'ail. Prolongez la cuisson de 2 minutes. Déglacez au vin rouge et faites réduire de moitié. Ajoutez le fumet de poisson et faites réduire à nouveau de moitié. Rectifiez l'assaisonnement du bouillon en sel et en poivre.

Faites griller les pavés de poisson dans une poêle antiadhésive avec 1 filet d'huile d'olive pendant 7 minutes à feu moyen, si possible uniquement côté peau.

Servez les filets de poisson avec le bouillon aux champignons. Parsemez l'aneth.

Le pleurote a un doux, délicat, plutôt boisé et légèrement sucré. Sa texture est ferme.

Dans cette recette, vous pouvez le remplacer par le champignon de Paris.

Tatin d'oignons acidulée aux pleurotes

Préparation : 15 min
Cuisson : 33 min
Pour 4 personnes

- **1 disque de pâte feuilletée**
- **400 g de pleurotes**
- **4 à 5 oignons rouges (selon la taille)**
- **10 cl de vinaigre balsamique**
- **20 g de sucre en poudre**
- **60 g de beurre**
- **3 branches de thym frais**
- **Sel et poivre**

Préchauffez le four à 180 °C (th. 6).

Coupez la base du pied des pleurotes et brossez-les avec un pinceau humide pour en extraire la terre et les impuretés.

Épluchez et coupez les oignons en trois. Faites-les revenir dans une grande poêle allant au four avec 30 g de beurre, le thym, du sel et du poivre pendant 5 minutes. Déglacez avec le vinaigre balsamique, ajoutez le sucre et faites mijoter pendant 2 minutes.

Disposez la pâte sur les oignons. Enfournez pour 25 minutes.

Faites revenir les pleurotes dans une autre poêle avec 1 noix de beurre, du sel et du poivre pendant 8 minutes.

Démoulez la tarte Tatin à l'envers et répartissez les pleurotes dessus avant de servir.

> Le pleurote a un goût doux et délicat, plutôt boisé et légèrement sucré. Sa texture est ferme.
>
> **Dans cette recette, vous pouvez remplacer le remplacer par le champignon de Paris.**

Magret de canard, pleurotes glacés au vin rouge

Préparation : 20 min
Cuisson : 16 min
Repos : 15 min
Pour 4 personnes

4 magrets de canard
500 g de pleurotes
1 oignon jaune
2 gousses d'ail
50 cl de fond brun de volaille
30 cl de vin rouge
3 branches de thym
60 g de beurre
Sel et poivre

Quadrillez la graisse des magrets à l'aide d'un couteau bien aiguisé.

Faites revenir les magrets côté gras sur une plancha ou dans une poêle antiadhésive sans matière grasse pendant 8 minutes. Retournez le magret et prolongez la cuisson pendant 6 minutes côté chair pour obtenir une cuisson rosée. Réservez au chaud pendant 15 minutes. Salez et poivrez.

Épluchez et hachez l'oignon et l'ail.

Coupez la base du pied des pleurotes et brossez-les avec un pinceau humide pour en extraire la terre et les impuretés. Faites-les revenir avec 1 noix de beurre dans une poêle antiadhésive pendant 6 minutes. Débarrassez les champignons et mettez-les de côté.

Versez dans la poêle l'oignon, l'ail et le thym et faites revenir pendant 5 minutes. Déglacez au vin rouge et au fond brun. Faites réduire la sauce afin qu'elle devienne nappante. Ajoutez les champignons précuits, et 50 g de beurre. Faites mijoter tout doucement pendant 5 minutes.

Servez les magrets avec les champignons et la sauce.

Le pleurote a un goût doux et délicat, plutôt boisé et légèrement sucré. Sa texture est ferme.

Dans cette recette, vous pouvez le remplacer par le champignon de Paris.

PALLARES
SOLSONA

Risotto aux cèpes de Bordeaux

Préparation : 15 min
Cuisson : 24 min
Pour 4 personnes

300 g de riz arborio
300 g de cèpes de Bordeaux
2 gousses d'ail
1 oignon jaune
10 cl de vin blanc sec
1,5 l de bouillon de volaille
150 g de parmesan râpé
1 bouquet garni
Huile d'olive
Sel et poivre

Coupez la base du pied des cèpes avec un couteau bien aiguisé et brossez-les avec un pinceau humide pour en extraire la terre et les impuretés. Taillez-les finement.

Épluchez et hachez l'oignon et l'ail.

Faites revenir dans une casserole l'oignon et l'ail sans coloration avec 1 filet d'huile d'olive pendant 3 minutes. Ajoutez la moitié des cèpes, le riz et le bouquet garni. Faites nacrer le riz en le mélangeant à l'aide d'une spatule en bois sur le feu pendant 1 minute.

Déglacez au vin blanc, puis versez le bouillon de volaille. Faites mijoter à feu doux pendant 20 minutes. N'hésitez pas à remuer pendant la cuisson et à ajouter de l'eau si nécessaire.

Incorporez le parmesan râpé et mélangez bien.

Faites revenir les cèpes restant dans une poêle antiadhésive avec 1 filet d'huile d'olive, du sel et du poivre pendant 3 minutes.

Servez le risotto recouvert des cèpes poêlés. Salez et poivrez.

Le cèpe de Bordeaux a un léger goût de noisette et une texture plutôt ferme.

Dans cette recette, vous pouvez utiliser d'autres variétés de cèpes ou des cèpes congelés.

Burger aux cèpes de Bordeaux

Préparation : 20 min
Cuisson : 11 min
Pour 4 burgers

4 pains buns

4 steaks hachés de 140 g chacun

300 g de cèpes de Bordeaux

150 g de poitrine de porc en tranches

2 branches de thym

1 oignon rouge

1 poignée de salade

2 cuil. à soupe de moutarde de Meaux

1 cuil. à soupe de vinaigre de vin

8 cl d'huile de tournesol

Sel et poivre

Coupez la base du pied des cèpes et brossez-les avec un pinceau humide pour en extraire la terre et les impuretés.

Taillez les buns en deux et faites-les griller au grille-pain.

Épluchez et coupez l'oignon en rondelles. Effeuillez le thym.

Faites griller les tranches de poitrine dans une poêle antiadhésive, sans matière grasse, pendant 3 minutes de chaque côté. Mettez de côté et faites griller les steaks dans la graisse déjà présente, 3 minutes de chaque côté.

Faites revenir les cèpes avec le thym et 1 bon filet d'huile de tournesol pendant 5 minutes. Salez et poivrez.

Mélangez la moutarde avec le vinaigre et 5 cl d'huile de tournesol. Badigeonnez l'intérieur des buns de sauce moutarde. Garnissez-les avec la salade, le steak, le porc, les cèpes et les oignons rouges.

Refermez les buns et mangez chaud.

> **Le cèpe de Bordeaux a un léger goût de noisette et une texture plutôt ferme.**
>
> **Dans cette recette, vous pouvez utiliser des cèpes congelés.**

Salade aux cèpes de Bordeaux

Préparation : 20 min
Cuisson : 9 min
Pour 4 personnes

600 g de cèpes de Bordeaux
4 œufs
200 g de lardons fumés
4 poignées de mesclun
⅓ de botte de persil
15 cerneaux de noix
1 gousse d'ail
1 cuil. à café de moutarde
2 cuil. à soupe de vinaigre de vin
20 cl d'huile d'arachide
Huile d'olive
Sel et poivre

Coupez la base du pied des cèpes et brossez-les avec un pinceau humide pour en extraire la terre et les impuretés. Taillez les cèpes en gros morceaux.

Plongez les œufs dans une casserole d'eau. Portez à ébullition. Comptez 9 minutes de cuisson à partir de l'ébullition, puis plongez-les dans de l'eau froide. Une fois refroidis, écalez les œufs et coupez-les en quatre.

Faites revenir les lardons et les champignons dans une grande poêle à feu vif avec 1 filet d'huile d'olive, pendant 4 minutes.

Effeuillez et ciselez le persil. Épluchez et hachez l'ail. Mélangez la moutarde avec le vinaigre de vin, l'huile d'arachide, l'ail, le persil, du sel et du poivre.

Mélangez le mesclun avec les cèpes, les lardons, les œufs et les noix. Salez, poivrez et arrosez de sauce.

Accompagnez votre salade de toasts de foie gras.

Le cèpe de Bordeaux a un léger goût de noisette et une texture plutôt ferme.

Dans cette recette, vous pouvez le remplacer par des cèpes congelés ou en bocaux.

Daurade en écailles de cèpe d'été, crème de lard aux cèpes

Préparation : 20 min
Cuisson : 15 min
Pour 2 personnes

1 daurade vidée de 900 g
200 g de cèpes d'été
1 oignon
2 gousses d'ail
130 g de lardons fumés
2 branches de thym
½ botte de persil
30 cl de crème liquide à 30 % de MG
Huile d'olive
Sel et poivre

Préchauffez le four à 180 °C (th. 6).

Coupez la base du pied des cèpes et brossez-les avec un pinceau humide pour en extraire la terre et les impuretés.

Épluchez et hachez l'oignon et l'ail.

Salez, poivrez et garnissez l'intérieur de la daurade avec 3 branches de persil. Disposez-la sur une plaque de cuisson. Arrosez d'1 filet d'huile et enfournez pour 10 minutes.

Émincez la moitié des cèpes.

Retirez la peau de la daurade. Couvrez la daurade de cèpes, salez, poivrez et enfournez pour 5 minutes supplémentaires.

Coupez en morceaux le restant des champignons.

Faites revenir dans une casserole les lardons, l'oignon, l'ail et les champignons coupés en morceaux avec 1 filet d'huile d'olive et 2 branches de thym pendant 5 minutes. Ajoutez la crème et faites mijoter pendant 5 minutes à feu doux.

Servez la daurade parsemée de persil fraîchement ciselé et accompagnée de crème au lard.

Accompagnez la daurade de pommes de terre cuites au four ou d'un gratin dauphinois.

Le cèpe d'été a une saveur légèrement sucrée et une texture plutôt ferme. Dans cette recette, vous pouvez le remplacer par des cèpes séchés.

Salade de cèpes d'été, pommes et noix

Préparation : 15 min
Cuisson : 40 s
Pour 2 personnes

2 beaux cèpes d'été
1 pomme
1 poignée de mesclun
3 brins de cerfeuil
2 brins de ciboulette
10 cerneaux de noix
Huile d'olive
Vinaigre balsamique
Sel et poivre

Coupez la base du pied des cèpes et brossez-les avec un pinceau humide pour en extraire la terre et les impuretés.

Émincez les cèpes.

Évidez les pommes et taillez-les en fins bâtonnets. Concassez les noix. Effeuillez le cerfeuil. Ciselez la ciboulette.

Faites revenir les cèpes pendant 20 secondes par face avec 1 filet d'huile d'olive, du sel et du poivre.

Mélangez les cèpes avec la pomme, le mesclun, le cerfeuil, la ciboulette et les noix. Salez, poivrez et arrosez d'1 filet d'huile d'olive et de vinaigre balsamique.

Le cèpe d'été a une saveur légèrement sucrée et une texture plutôt ferme.

Dans cette recette, vous pouvez le remplacer par d'autres variétés de cèpes ou par le champignon de Paris.

Cèpes des pins rôtis au poireau brûlé, vinaigrette de cèpes

Préparation : 20 min
Cuisson : 25 min
Pour 4 personnes

2 poireaux
400 g de petits cèpes des pins
1 oignon rouge
1 poignée d'amandes
3 brins de cerfeuil
3 brins de ciboulette
3 branches de thym
10 cl de vinaigre de vin
Huile d'olive
Sel et poivre

Coupez la base du pied des cèpes et brossez-les avec un pinceau humide pour en extraire la terre et les impuretés.

Retirez la partie la plus verte des poireaux et taillez-les en tronçons de 6 cm. Versez les poireaux dans une casserole avec un fond d'eau salée. Faites mijoter pendant 15 minutes. L'eau doit être complètement évaporée en fin de cuisson.

Faites griller les poireaux et les trois quarts des cèpes aller-retour sans matière grasse, à feu vif, sur un gril ou dans une poêle antiadhésive. Débarrassez et mettez de côté les poireaux. Ajoutez 1 filet d'huile d'olive et prolongez la cuisson des cèpes pendant 5 minutes.

Concassez les amandes et les cèpes restants. Épluchez et émincez finement l'oignon rouge.

Faites revenir l'oignon et les champignons dans une poêle avec 1 filet d'huile d'olive et 2 branches de thym pendant 1 minute. Déglacez avec le vinaigre de vin, débarrassez et mélangez avec 15 cl d'huile d'olive.

Effeuillez le cerfeuil et la dernière branche de thym. Ciselez la ciboulette.

Servez les poireaux et les cèpes grillés avec la vinaigrette aux cèpes. Parsemez les amandes, le cerfeuil, le thym et la ciboulette. Salez et poivrez.

Le cèpe des pins a un arôme très fin et une texture plutôt ferme.

Dans cette recette, vous pouvez utiliser des cèpes congelés en prenant soin de ne pas trop les cuire.

Bolets orangés des chênes comme un menemen turc

Préparation : 20 min
Cuisson : 30 min
Pour 2 personnes

300 g de bolets orangés des chênes
½ poivron rouge
1 oignon jaune
400 g de tomates concassées
2 œufs
2 oignons jeunes
2 gousses d'ail
1 cuil. à café de cumin
1 cuil. à café de gingembre en poudre
1 piment oiseau
¼ de botte de persil
Huile d'olive
Sel et poivre

Coupez la base du pied des bolets et brossez-les avec un pinceau humide pour en extraire la terre et les impuretés.

Videz et hachez le demi-poivron. Épluchez et hachez l'ail. Épluchez et émincez finement les oignons. Coupez en morceaux les bolets. Ciselez le persil.

Faites revenir dans une poêle les poivrons, l'ail et les trois quarts des oignons avec 1 filet d'huile d'olive, les épices et du sel pendant 5 minutes. Ajoutez la tomate, le piment et faites mijoter 20 minutes à feu doux. Cassez les œufs dans la poêle, couvrez avec un couvercle ou du papier d' aluminium. Faites mijoter pendant 5 minutes supplémentaires à feu doux. Stoppez la cuisson quand les œufs sont cuits.

Parsemez les oignons frais et le persil frais. Saupoudrez d'une pincée d'épices.

Le bolet orangé a un goût très léger s'approchant du cèpe, il n'en a pourtant pas la force. Il est meilleur après avoir été séché et réhydraté. Il noircit lors du séchage, mais cela ne dégrade pas du tout sa saveur, au contraire. Il s'utilise très bien dans les plats mijotés ou les potages. Cuit à l'état frais, il devient un peu gluant. Pour atténuer cette texture, il suffit d'enlever les tubes.

Dans cette recette, vous pouvez le remplacer par la girolle ou le champignon de Paris.

Betterave rôtie, pickles de bolets à pied rouge et feta

Préparation : 20 min
Cuisson : 1 h 10
Pour 4 personnes

200 g de bolets à pied rouge
3 betterave rouges crues
40 g de pignons de pin
100 g de feta
1 oignon nouveau
3 branches de thym frais
15 cl de vinaigre de vin
3 cuil. à soupe de sucre en poudre
Huile d'olive
Sel et poivre

Préchauffez le four à 180 °C (th. 6).

Coupez la base du pied des bolets et brossez-les avec un pinceau humide pour en extraire la terre et les impuretés.

Huilez les betteraves, disposez-les dans un petit plat et enfournez pour 50 minutes. Éteignez le four et prolongez la cuisson de 20 minutes.

Coupez les champignons et l'oignon en fines lamelles.

Versez les bolets dans une casserole avec le vinaigre de vin, 5 cl d'eau et le sucre. Faites bouillir pendant 1 minute, coupez le feu et laissez refroidir dans la casserole.

Faites griller les pignons de pin dans une poêle à feu vif, sans matière grasse. Remuez souvent pour les torréfier de façon homogène.

Épluchez et émincez finement les betteraves.

Réalisez quatre assiettes composées de betterave, pickles de bolets, pignons grillés, feta émiettée, oignon nouveau cru.

Effeuillez le thym sur le tout. Salez, poivrez et arrosez d'1 filet d'huile d'olive.

Le bolet à pied rouge a un goût très léger s'approchant du cèpe. Il bleuit à la découpe et ce bleuissement disparaît lors de la cuisson. Sa chair est ferme.

Dans cette recette, vous pouvez le remplacer par la girolle ou le champignon de Paris.

Bento de bolets à pied rouge en trois façons

Préparation : 35 min
Cuisson : 15 min
Repos : 15 min
Pour 4 personnes

350 g de bolets à pied rouge
4 filets de maquereau
1 oignon nouveau
5 cl de sauce soja
3 cuil. à soupe de sucre en poudre
2 panais
2 branches de thym
1 radis daikon
1 piment oiseau
10 cl de vinaigre de vin
1 cuil. à soupe de vinaigre de riz
Huile d'olive
Riz blanc
Sel et poivre

Le bolet à pied rouge a un goût très léger s'approchant du cèpe. Il bleuit à la découpe et perd sa couleur lors de la cuisson. Sa chair est ferme.

Dans cette recette, vous pouvez le remplacer par le shiitaké ou le champignon de Paris.

Coupez la base du pied des bolets et brossez-les avec un pinceau humide pour en extraire la terre et les impuretés.

Taillez un tiers des bolets en gros morceaux, un tiers en lamelles et un tiers en petits cubes.

Coupez les filets de maquereau en trois. Épluchez et coupez en bâtonnets les panais. Épluchez et émincez le radis. Émincez l'oignon et le piment. Effeuillez le thym.

Versez le radis, les lamelles de champignon, le piment, le vinaigre de vin, 2 cuillerées à soupe de sucre et du sel dans une casserole. Faites mijoter pendant 2 minutes et coupez le feu. Laissez refroidir dans la casserole.

Faites revenir les maquereaux dans une poêle antiadhésive avec 1 filet d'huile d'olive pendant 2 minutes. Retournez-les à mi-cuisson. Ajoutez les champignons en cubes et prolongez la cuisson pendant 1 minute. Déglacez avec le vinaigre de riz et la sauce soja. Ajoutez 1 cuillerée à soupe de sucre, l'oignon nouveau et laissez refroidir dans la poêle.

Faites revenir le panais avec 1 bon filet d'huile d'olive, du sel et du poivre pendant 5 minutes. Ajoutez les champignons en gros morceaux, le thym, du sel, du poivre et prolongez la cuisson de 5 minutes.

Servez les trois préparations avec du riz blanc ou du riz gluant.

Mantar dalmasi (bolets jaunes garnis fromage et volaille)

Préparation : 20 min
Cuisson : 15-20 min
Pour 4 personnes

8 beaux bolets jaunes
500 g de blancs de poulet
200 g de feta
1 poivron rouge
½ botte de ciboulette
Huile d'olive
Sel et poivre

Préchauffez le four à 180 °C (th. 6).

Coupez la base du pied des bolets et brossez-les avec un pinceau humide pour en extraire la terre et les impuretés. Séparez le pied du chapeau pour chaque champignon. Concassez le pied des champignons.

Coupez le poulet en petits morceaux. Videz et hachez le poivron. Ciselez la ciboulette.

Faites revenir les chapeaux des bolets dans une poêle avec 1 filet d'huile d'olive 1 minute par face. Disposez les chapeaux sur une plaque de cuisson.

Faites revenir sur un gril ou dans une poêle bien chaude les morceaux de poulet, les pieds des champignons et le poivron rouge pendant 5 minutes à feu vif avec 1 bon filet d'huile d'olive, du sel et du poivre.

Farcissez les chapeaux de champignons, parsemez la feta dessus et enfournez pour 10 à 15 minutes. Parsemez la ciboulette avant de servir.

Le bolet jaune possède une saveur douce, fruitée et acidulée. Sa chair est plutôt ferme.

Empanadas aux morilles blondes

Préparation : 40 min
Cuisson : 40 min
Repos : 30 min
Pour 8 empanadas

280 g de farine de blé T65
90 g de beurre mou
4 cl d'huile d'olive
1 œuf
100 g de morilles blondes
300 g de chair à saucisse
10 cl de vin blanc
15 cl de crème liquide à 30 % de MG
2 gousses d'ail
⅓ de botte de coriandre

La morille blonde a un goût délicieux, fin et puissant. Sa texture est ferme. Elle se mange bien cuite.

Dans cette recette, vous pouvez utiliser des morilles congelées ou d'autres variétés de morilles.

Mélangez, à l'aide d'un batteur électrique ou à la main dans un saladier, 250 g de farine avec le beurre, 3 cl d'huile d'olive et 5 cl d'eau de façon à obtenir un résultat homogène. Réalisez une boule, filmez au contact et faites reposer pendant 30 minutes au réfrigérateur.

Préchauffez le four à 180 °C (th. 6).

Coupez la base du pied des morilles et brossez-les avec un pinceau humide pour en extraire la terre et les impuretés.

Épluchez et hachez l'ail. Ciselez la coriandre. Coupez les morilles en fines lamelles.

Faites revenir les morilles dans une petite casserole avec 1 bon filet d'huile d'olive pendant 5 minutes. Déglacez au vin blanc et à la crème. Ajoutez l'ail et faites mijoter 10 minutes. Il ne doit pratiquement pas rester de liquide en fin de cuisson.

Mélangez les champignons refroidis avec la chair à saucisse et la coriandre.

Cassez et battez l'œuf.

Étalez la pâte sur 5 mm d'épaisseur à l'aide d'un rouleau à pâtisserie et d'un peu de farine. Taillez des disques d'approximativement 10 cm de diamètre. Disposez 1 bonne noix de farce au centre de chaque disque. Badigeonnez les bords de pâte à l'œuf battu et repliez la pâte sur elle-même de manière à obtenir des chaussons. Badigeonnez d'œuf battu et enfournez pour 25 minutes.

Sandwich du randonneur-cueilleur

Préparation : 10 min
Cuisson : 20 min
Pour 4 sandwichs

150 g de morilles blondes
8 belles tranches de pain de seigle
4 tranches de jambon blanc
200 g de salers ou de comté
1 gousse d'ail
10 cl de vin blanc
20 cl de crème liquide à 20 % de MG
1 branche de sarriette ou de thym frais
20 g de beurre
Mélange 5 baies

Coupez la base du pied des morilles et brossez-les avec un pinceau humide pour en extraire la terre et les impuretés.

Coupez le fromage en grosses tranches. Épluchez et hachez l'ail.

Faites revenir les morilles avec le beurre pendant 10 minutes. Ajoutez l'ail puis le vin blanc et la crème. Effeuillez la sarriette. Faites mijoter pendant 10 minutes sur feu doux.

Badigeonnez la face intérieure des tranches de pain avec la crème de champignons. Garnissez chaque sandwich d'1 tranche de jambon, de fromage, et de morilles.

Poivrez au mélange 5 baies et recouvrez chaque sandwich d'1 tranche de pain.

Mangez votre sandwich tiède ou chaud.

La morille blonde a un goût délicieux, fin et puissant.
Sa texture est ferme. Elle se mange bien cuite.
Dans cette recette, vous pouvez utiliser des morilles congelées ou d'autres variétés de morilles.

Fondue forestière aux morilles coniques

Préparation : 30 min
Cuisson : 30 min
Pour 6 personnes

200 g de morilles coniques
300 g d'abondance
300 g de beaufort
250 g de comté
30 cl de vin blanc
40 g de beurre
1 gousse d'ail
1 pain de campagne

Coupez la base du pied des morilles et brossez-les avec un pinceau humide pour en extraire la terre et les impuretés.

Parez la peau des fromages et râpez-les. Épluchez et hachez l'ail.

Faites revenir, dans un poêlon à fondue, les morilles avec le beurre à feu doux pendant 10 minutes. Ajoutez l'ail et prolongez la cuisson d'1 minute. Déglacez avec 10 cl de vin blanc et faites mijoter 5 minutes à feu doux. Versez le fromage et la moitié du vin dans le poêlon. Faites fondre à feu doux. Mélangez sans discontinuer en formant des huit.

Rectifiez la texture de la fondue en ajoutant du vin petit à petit.

Toastez de belles tranches de pain et coupez-les en morceaux.

Servez la fondue avec le pain toasté et si possible des piques à fondue.

> **La morille conique a un goût raffiné et puissant.**
> **Sa texture est ferme. Elle se mange bien cuite.**
> **Dans cette recette, vous pouvez utiliser des morilles congelées ou d'autres variétés de morilles.**

Poulet aux morilles coniques, crème de vin jaune

Préparation : 20 min
Cuisson : 1 h 10
Pour 4 personnes

1 petit poulet
250 g de morilles coniques
2 échalotes
2 gousses d'ail
40 cl de crème épaisse
10 cl de vin jaune
40 g de beurre
4 cuil. à soupe d'huile d'olive
3 branches de romarin
Sel et poivre

Préchauffez le four à 200 °C (th. 6-7).

Coupez la base du pied des morilles et brossez-les avec un pinceau humide pour en extraire la terre et les impuretés.

Épluchez et hachez les échalotes et l'ail.

Salez et poivrez l'intérieur et l'extérieur du poulet. Placez 1 branche de romarin à l'intérieur du poulet. Disposez le poulet dans un plat allant au four. Versez 2 cm d'eau dans le fond du plat. Arrosez d'1 bon filet d'huile d'olive et recouvrez de beurre. Enfournez pour 40 minutes. Arrosez et tournez la volaille au fur et à mesure de la cuisson. Ajoutez les échalotes, l'ail, les morilles, le vin jaune, la crème et 1 branche de romarin dans le fond du plat. Enfournez pour 20 minutes supplémentaires. Coupez le four et laissez finir de cuire pendant 10 minutes, four éteint.

Parsemez au dernier moment le romarin frais.

Servez avec des légumes racines ou du riz blanc.

La morille conique a un goût raffiné et puissant.
Sa texture est ferme. Elle se mange bien cuite.

Dans cette recette, vous pouvez utiliser des morilles congelées ou d'autres variétés de morilles.

Potimarron farci aux trompettes-des-morts

Préparation : 30 min
Temps de cuisson : 1 h
Pour 4 personnes

- 1 potiron
- 250 g de riz blanc
- 200 g de trompettes-des-morts
- 150 g de cantal vieux ou de comté
- 1 oignon jaune
- 2 gousses d'ail
- 10 cl de vin blanc
- 2 branches de romarin
- Huile d'olive
- Sel et poivre

La trompette-des-morts a un goût très prononcé avec une saveur rappelant le bois et la terre.

Ce champignon à la structure fine est très agréable en bouche.

Dans cette recette, vous pouvez utiliser des trompettes séchées.

Préchauffez le four à 180 °C (th. 6).

Coupez le chapeau du potiron et videz délicatement l'intérieur à l'aide d'une grosse cuillère. Disposez la base et le chapeau sur une plaque de cuisson. Salez, poivrez, arrosez d'1 filet d'huile d'olive et enfournez pour 50 minutes.

Râpez le fromage.

Coupez le pied des trompettes et rincez-les sous un petit filet d'eau froide pour en extraire toute la terre. Faites poêler les trompettes à feu vif avec 1 filet d'huile d'olive. Comptez 30 secondes de cuisson après évaporation complète de l'eau rendue par les champignons. Salez et poivrez.

Faites revenir l'oignon et l'ail préalablement épluchés et hachés dans une casserole avec 1 branche de romarin et 1 bon filet d'huile d'olive pendant 5 minutes. Ajoutez le riz blanc, mélangez pour le faire nacrer et déglacez avec le vin blanc. Ajoutez 1 litre d'eau et faites mijoter pendant 15 minutes. Le riz doit être juste cuit.

Mélangez le riz avec les deux tiers du fromage et des champignons. Salez et poivrez. Versez le riz dans le potiron, recouvrez de fromage, de champignons et de romarin fraîchement ciselé. Prolongez la cuisson au four pendant 10 minutes.

Présentez le potiron avec son chapeau puis servez 1 part de potiron farci à chaque convive.

Terrine de porc simplifiée aux trompettes-des-morts

Préparation : 30 min
Temps de cuisson : 45 min
Réfrigération : 12 h
Pour 8 personnes

600 g de poitrine de porc fraîche non salée sans couenne
200 g de foies de volaille
300 g de trompettes-des-morts
100 g de pain ou baguette
10 cl de lait demi-écrémé
1 œuf
1 oignon jaune
2 gousses d'ail
10 g de sel
6 g de poivre moulu
⅓ de botte de thym
20 g de persil
Huile d'olive

Préchauffez le four à 180 °C (th. 6), avec un bon volume d'eau dans la lèchefrite.

Coupez la base du pied des trompettes et rincez-les sous un petit filet d'eau froide pour en extraire toute la terre. Faites poêler les trompettes à feu vif avec 1 filet d'huile d'olive. Comptez 30 secondes de cuisson après évaporation complète de l'eau rendue par les champignons.

Épluchez et hachez finement l'oignon et l'ail.

Hachez finement la poitrine et les foies de volaille à l'aide d'un couteau ou d'un robot, en laissant quelques petits morceaux.

Ciselez le persil. Effeuillez le thym. Concassez le pain.

Mélangez dans un saladier la viande, les champignons, le pain, le lait, l'œuf, l'oignon, l'ail, le sel, le poivre et les herbes. Versez la préparation dans une terrine ou un moule à cake. Placez la terrine au four au bain-marie et comptez 45 minutes de cuisson.

Réservez au frais pendant 12 heures avant de déguster.

> **La trompette-des-morts a un goût très prononcé avec une saveur rappelant le bois et la terre.**
> **Ce champignon à la structure fine est très agréable en bouche.**
> **Dans cette recette, vous pouvez utiliser des trompettes séchées.**

Soupe chinoise aux russules écrevisse

Préparation : 20 min
Cuisson : 13 min
Pour 4 personnes

12 crevettes crues
150 g de russules écrevisse
800 g de pâtes udon
1 l de bouillon de volaille
2 oignons nouveaux
2 gousses d'ail
2 cuil. à soupe de graines de sésame
1 piment frais
10 cl de sauce soja
3 cl de vinaigre de riz noir
Huile d'arachide

Coupez la base des pieds des russules écrevisse et brossez-les avec un pinceau humide pour en extraire la terre et les impuretés.

Plongez les udon dans une casserole d'eau bouillante salée le temps indiqué sur le paquet. Égouttez-les.

Coupez les champignons en petits morceaux.

Décortiquez les crevettes et coupez-les en quatre. Émincez les oignons nouveaux et le piment. Épluchez et hachez l'ail.

Faites revenir les russules avec 1 bon filet d'huile dans une grande casserole pendant 4 minutes. Ajoutez les oignons, l'ail, le piment et les graines de sésame. Faites revenir 3 minutes supplémentaires. Ajoutez le bouillon, les udon, la sauce soja et le vinaigre. Faites bouillir 30 secondes. Coupez le feu et ajoutez les crevettes crues.

Servez dans quatre bols.

La russule écrevisse a un goût prononcé de crustacés, avec une texture plutôt ferme.

Dans cette recette, vous pouvez la remplacer par le champignon noir asiatique.

Yakisoba aux coulemelles

Préparation : 10 min
Cuisson : 5 min
Pour 4 personnes

200 g de coulemelles
400 g de nouilles pour yakisoba (au supermarché asiatique)
16 crevettes (si possible crues)
1 poivron rouge
3 oignons nouveaux
8 cl de sauce soja
2 cuil. à soupe de sauce huître (facultatif)
1 cuil. à soupe de vinaigre de riz
1 cuil. à soupe de sucre en poudre
2 cuil. à soupe de graines de sésame
5 branches de coriandre
Huile d'arachide

Coupez la base du pied des coulemelles et brossez-les avec un pinceau humide pour en extraire la terre et les impuretés.

Décortiquez les crevettes. Videz le poivron. Émincez les coulemelles, le poivron et les oignons.

Plongez les nouilles dans une casserole d'eau bouillante salée et faites-les cuire le temps indiqué sur le paquet. Égouttez-les.

Faites revenir le poivron avec 1 bon filet d'huile dans un wok ou une grande poêle pendant 1 minute sur feu vif. Ajoutez les coulemelles, les crevettes et prolongez la cuisson de 3 minutes.

Versez dans le wok les nouilles précuites, les oignons, la sauce soja, la sauce huître, le vinaigre de riz, le sucre en poudre et les graines de sésame. Mélangez bien et faites sauter le tout encore 1 minute avant de servir chaud.

Parsemez au dernier moment les feuilles de coriandre.

La coulemelle a une saveur délicate de noisette à la cuisson et une texture plutôt fondante.

Dans cette recette, vous pouvez la remplacer par le shiitaké ou le champignon de Paris.

Gyozas aux coulemelles et sésame

Préparation : 25 min
Cuisson : 6 min
Repos : 5 min

25 disques de pâte à gyozas (au supermarché asiatique)
200 g de coulemelles
250 g de porc haché
1 branche de cive
1 gousse d'ail
1 morceau de gingembre de 2 cm
Huile d'arachide
4 cl de sauce soja
1 cuil. à café de sucre en poudre
1 cuil. à café de vinaigre de riz
Piment d'Espelette
1 cuil. à café de graines de sésame
Huile de sésame
Sel

Coupez la base du pied des coulemelles et brossez-les avec un pinceau humide pour en extraire la terre et les impuretés.

Épluchez l'ail et le gingembre. Hachez les coulemelles, la cive, l'ail et le gingembre.

Faites revenir les champignons avec 1 filet d'huile d'arachide pendant 2 minutes. Laissez dégorger l'eau pendant 5 minutes. Pressez les champignons pour en extraire l'eau.

Mélangez le porc haché avec les champignons, la cive, l'ail haché, le gingembre haché et du sel.

Disposez 1 cuillère à café de farce au centre d'un disque de pâte. Mouillez légèrement la bordure de la pâte. Pliez le disque de pâte en deux pour avoir une forme de chausson.

Disposez les gyozas bien serrés dans une grande poêle huilée. Démarrez la cuisson sur feu vif pendant 3 minutes. Lorsque les gyozas obtiennent une belle coloration, ajoutez 1 demi-verre d'eau (10 cl). Couvrez immédiatement et baissez le feu. Une fois l'eau évaporée (comptez 4 minutes), prolongez la cuisson des gyozas d'1 minute. La base doit être bien croustillante.

Mélangez la sauce soja avec le sucre en poudre, le vinaigre de riz, du piment d'Espelette, les graines de sésame et de l'huile de sésame.

Servez les gyozas avec la sauce.

La coulemelle a une saveur délicate de noisette à la cuisson et une texture plutôt fondante. Dans cette recette, vous pouvez la remplacer par le shiitaké ou le champignon de Paris.

Brochettes de bœuf, coulemelles caramélisées sauce soja

Préparation : 15 min
Cuisson : 8 min
Pour 12 brochettes (entrée pour 4 personnes)

200 g de coulemelles
300 g de carpaccio de bœuf
500 g d'emmental
4 cl de sauce soja
1 cuil. à soupe de sucre en poudre
1 cuil. à soupe de vinaigre de riz
1 branche de cive
1 cuil. à café de graines sésame
Huile d'arachide

Coupez la base du pied des coulemelles et brossez-les avec un pinceau humide pour en extraire la terre et les impuretés.

Émincez la cive et les champignons. Coupez le fromage en 12 bâtonnets.

Piquez chaque bâtonnet de fromage avec une pique à brochette. Enroulez les brochettes de fromage dans environ 25 g de carpaccio.

Faites griller les brochettes dans deux poêles à feu vif pendant 5 minutes avec 1 filet d'huile d'arachide. Retournez-les à mi-cuisson.

Débarrassez et faites revenir dans une des deux poêles les champignons pendant 3 minutes. Versez sur les champignons la sauce soja, le sucre, le vinaigre, la cive et les graines de sésame. Faites chauffer jusqu'à dissolution du sucre.

Servez la sauce avec les brochettes.

La coulemelle a une saveur délicate de noisette à la cuisson et une texture plutôt fondante.

Dans cette recette, vous pouvez la remplacer par le shiitaké ou le champignon de Paris.

Saint-jacques, chips de lard et crème de chou-fleur à la truffe noire

Préparation : 25 min
Cuisson : 15 min
Pour 4 personnes

12 belles noix de Saint-Jacques
30 à 40 g de truffe noire
130 g de poitrine de porc fumée coupée en tranches fines
½ chou-fleur
20 cl de crème épaisse
20 cl de lait demi-écrémé
2 branches d'estragon
Huile d'olive
Sel et poivre

Brossez la truffe à l'aide d'une brosse métallique pour extraire la terre. Observez les potentiels impacts de brosse. Un impact de brosse est synonyme de défaut dans la truffe. Si impact, entaillez au couteau la partie abîmée pour observer le problème présent dans la truffe. Parez la potentielle pourriture ou jetez la truffe si elle est remplie de vers.

Immergez la truffe sous l'eau froide pendant 2 minutes. Frottez-la sous l'eau froide à l'aide d'un torchon. Laissez sécher pendant 10 minutes avant utilisation.

Taillez le chou-fleur en gros bouquets. Plongez-les dans une casserole d'eau bouillante salée pendant 15 minutes.

Égouttez et mixez le chou-fleur avec la crème. Rectifiez la consistance en ajoutant petit à petit le lait. Salez et poivrez. Réservez au chaud.

Faites griller les noix de Saint-Jacques les unes contre les autres dans une poêle avec 1 filet d'huile d'olive, du sel et du poivre pendant 4 minutes. Retournez-les à mi-cuisson.

Faites griller la poitrine de porc avec 1 filet d'huile d'olive pendant 6 minutes. Retournez à mi-cuisson.

Ciselez l'estragon.

Servez dans chaque assiette une louche de purée de chou-fleur, 3 noix de Saint-Jacques et des chips de lard. Râpez la truffe dans les assiettes et parsemez l'estragon.

Arrosez d'1 petit filet d'huile d'olive.

La truffe noire a une saveur unique avec un arôme puissant et complexe, ainsi qu'une texture très ferme.

Dans cette recette, vous pouvez utiliser de la truffe séchée ou de l'huile de truffe.

Velouté de champignons truffé, chips de kale

Préparation : 25 min
Cuisson : 13 min
Pour 4 personnes

20 g de truffe noire
500 g de champignons légers en goût type pleurotes
2 échalotes
1 gousse d'ail
1 branche de chou kale
50 cl de bouillon de légumes
20 cl de crème fraîche épaisse à 30 % de MG
70 g de lardons fumés
20 cl d'huile d'arachide
30 g de beurre
Sel et poivre

Brossez la truffe à l'aide d'une brosse métallique pour extraire la terre. Observez les potentiels impacts de brosse. Un impact de brosse est synonyme de défaut dans la truffe. Si impact, entaillez au couteau la partie abîmée pour observer le problème présent dans la truffe. Parez la potentielle pourriture ou jetez la truffe si elle est remplie de vers.

Coupez la base du pied des pleurotes et brossez-les avec un pinceau humide pour en extraire la terre et les impuretés.

Épluchez et hachez les échalotes et l'ail. Coupez grossièrement les pleurotes.

Taillez le chou kale en morceaux de 5 cm.

Faites revenir les échalotes, l'ail, les lardons et les pleurotes avec le beurre pendant 3 minutes dans une casserole. Versez le bouillon de légumes et laissez mijoter pendant 10 minutes. Ajoutez la crème et mixez le velouté au blender, ou à défaut, au mixeur plongeant. Salez et poivrez.

Faites frire le chou kale dans l'huile d'arachide à 190° C dans une autre casserole pendant 30 secondes. Prévoyez de mettre un couvercle au moment de plonger le chou, afin d'éviter les projections d'huile.

Servez le velouté avec les chips de chou kale. Râpez la truffe directement dans les bols.

La truffe noire a une saveur unique avec un arôme puissant et complexe, ainsi qu'une texture très ferme.
Dans cette recette, vous pouvez utiliser de la truffe séchée ou de l'huile de truffe.

Asperges à la truffe d'été, sauce béarnaise

Préparation : 25 min
Cuisson : 8 min
Pour 4 personnes

16 asperges blanches
20 g de truffe d'été
2 jaunes d'œufs
150 g de beurre
3 cuil. à soupe de vinaigre de vin
1 échalote
5 branches d'estragon
Huile d'olive
Sel et poivre

Brossez la truffe à l'aide d'une brosse métallique pour extraire la terre. Observez les potentiels impacts de brosse. Un impact de brosse est synonyme de défaut dans la truffe. Si impact, entaillez au couteau la partie abîmée pour observer le problème présent dans la truffe. Parez la potentielle pourriture ou jetez la truffe si elle est remplie de vers.

Faites fondre le beurre dans une petite casserole à feu très doux sans remuer, puis retirez la mousse présente à la surface à l'aide d'une cuillère. Versez le beurre clarifié dans un bol sans le petit-lait présent au fond.

Épluchez et hachez l'échalote. Ciselez l'estragon.

Versez dans une casserole l'échalote, le vinaigre, les trois quarts de l'estragon et du sel. Faites mijoter pendant 8 minutes à feu doux. Il doit rester un fond de liquide en fin de cuisson. Ajoutez les jaunes d'œufs et fouettez, sur feu doux, jusqu'à ce que la consistance soit mousseuse. Incorporez petit à petit le beurre clarifié à l'aide d'un petit fouet.

Épluchez les asperges et coupez 3 cm de la base. Plongez-les dans une casserole d'eau bouillante salée pendant 8 minutes. Égouttez-les. Arrosez d'1 filet d'huile d'olive les asperges. Salez et poivrez. Parsemez l'estragon fraîchement ciselé.

Râpez la truffe sur les asperges. Servez avec de la sauce béarnaise.

Plus douce que la truffe noire, la truffe d'été est subtile et longue en bouche.

Dans cette recette, vous pouvez utiliser de la truffe séchée, de l'huile de truffe ou tout simplement de la truffe noire.

Pizza à la truffe d'été, épinards et gorgonzola

Préparation : 15 min
Cuisson : 10 min
Pour 1 pizza

1 pâte à pizza
250 g de mozzarella
100 g d'épinards
8 tranches fines de coppa
120 g de gorgonzola
15 g de truffe d'été
Farine
Huile d'olive
Sel et poivre

Préchauffez le four à 210° C (th. 7) avec une plaque de cuisson à l'intérieur.

Équeutez les épinards et faites-les revenir dans une poêle à feu vif pendant 5 minutes. Coupez-les grossièrement au couteau.

Étalez la pâte sur 5 mm d'épaisseur à l'aide d'un rouleau à pâtisserie et d'un peu de farine. Disposez la pâte sur un papier sulfurisé. Recouvrez-la de mozzarella en morceaux, d'épinards, de coppa et de gorgonzola. Enfournez pour 10 minutes.

Râpez la truffe sur la pizza à la sortie du four. Salez, poivrez et arrosez d'1 filet d'huile d'olive.

Plus douce que la truffe noire, la truffe d'été est subtile et longue en bouche.

Dans cette recette, vous pouvez utiliser de la truffe séchée, de l'huile de truffe ou tout simplement de la truffe noire.

Raviolis de chanterelles en tube et lard

Préparation : 20 min
Cuisson : 7 min
Réfrigération : 30 min
Pour 4 personnes

200 g de chanterelles en tube
450 g de farine
4 œufs + 1 jaune
300 g de poitrine de porc demi-sel taillée en lardons
3 branches de sauge
2 cuil. à soupe de chapelure de pain
30 cl de bouillon de poule
Huile d'olive
Sel et poivre

La chanterelle en tube a un goût très parfumé et fruité pouvant développer des saveurs d'orange ou d'abricot.

Dans cette recette, vous pouvez la remplacer par la pleurote.

Coupez la base du pied des chanterelles et brossez-les avec un pinceau humide pour en extraire la terre et les impuretés. Coupez-les grossièrement.

Versez dans la cuve d'un robot pâtissier 400 g de farine, les œufs entiers et du sel. Mélangez à l'aide du crochet pendant 5 minutes afin d'obtenir une belle pâte un peu ferme. Ajoutez 1 ou 2 cuillerées à soupe d'eau si nécessaire. Faites reposer pendant 30 minutes au réfrigérateur la pâte filmée au contact.

Faites revenir dans une poêle les chanterelles avec 1 filet d'huile d'olive pendant 5 minutes. Égouttez-les et faites réduire le jus de cuisson pratiquement à sec.

Versez dans la cuve d'un Robot-Coupe® ou d'un blender le jus de cuisson, la poitrine de porc, 4 feuilles de sauge et la chapelure de pain. Salez, poivrez et mixez. Mélangez dans un gros bol avec les champignons puis laissez refroidir pendant 5 minutes.

Étalez la pâte sur 3 mm d'épaisseur à l'aide d'un rouleau à pâtisserie et d'un peu de farine. Détaillez des disques de 8 à 10 cm de diamètre. Répartissez la farce au centre de la moitié des disques. Badigeonnez les contours d'un peu de jaune d'œuf battu avec 2 cuillerées à soupe d'eau. Disposez un disque de pâte sur chaque disque avec farce. Pincez les bords pour emprisonner la farce.

Plongez les raviolis pendant 2 minutes dans une casserole d'eau bouillante salée. Portez le bouillon à ébullition pendant 10 secondes avec la sauge restante.

Servez les raviolis avec le bouillon de poule parfumé à la sauge.

Curry de chanterelles en tube et garlic naan

Préparation : 30 min
Cuisson : 11 min
Repos : 1 h
Pour 2 personnes

400 g de farine
4 cl d'eau tiède
5 g de levure boulangère déshydratée
100 g de yaourt nature
400 g de chanterelles en tube
3 cuil. à soupe de curry en poudre
50 cl de lait de coco
1 oignon jaune
5 gousses d'ail
2 pincées de piment de Cayenne
1 cuil. à soupe d'origan
¼ de botte de coriandre
Huile d'olive
Sel

Délayez la levure dans l'eau tiède. Faites reposer pendant 5 minutes.

Mélangez la farine avec la levure, le yaourt nature, 3 cuillerées à soupe d'huile d'olive et du sel à l'aide d'un robot pâtissier. Faites reposer pendant 1 heure à température ambiante.

Coupez la base du pied des chanterelles et brossez-les avec un pinceau humide pour en extraire la terre et les impuretés.

Épluchez et hachez l'ail et l'oignon.

Étalez la pâte sur 5 mm d'épaisseur à l'aide d'un rouleau à pâtisserie et d'un peu de farine. Détaillez des disques de 12 cm de diamètre et faites-les griller dans une poêle bien chaude 2 minutes sur chaque face.

Faites revenir l'équivalent de 4 gousses d'ail avec 1 bon filet d'huile et l'origan pendant 2 minutes. Versez sur les naans.

Faites revenir l'oignon et l'ail restant dans une casserole avec le curry et le piment de Cayenne, 1 bon filet d'huile d'olive pendant 3 minutes. Ajoutez les champignons et prolongez la cuisson de 3 minutes.

Versez le lait de coco et faites mijoter pendant 5 minutes à feu doux.

Parsemez au dernier moment la coriandre fraîchement ciselée.

La chanterelle en tube a un goût très parfumé et fruité pouvant développer des saveurs d'orange ou d'abricot.
Dans cette recette, vous pouvez la remplacer par le pleurote.

Pâtes fraîches et chanterelles jaunes à la crème

Préparation : 20 min
Cuisson : 9 min
Repos : 1 h
Pour 4 personnes

400 g de chanterelles jaunes
340 g de farine
3 œufs
4 branches de persil
2 gousses d'ail
100 g de parmesan râpé
30 cl de crème fraîche épaisse
Huile d'olive
Sel et poivre

La chanterelle jaune a un goût très parfumé et fruité pouvant développer des saveurs d'orange ou d'abricot.

Dans cette recette, vous pouvez la remplacer par le pleurote.

Coupez le pied des chanterelles et rincez-les sous un filet d'eau froide. Égouttez-les et laissez sécher pendant 10 minutes avant utilisation.

Versez dans la cuve d'un batteur électrique 300 g de farine, les œufs, 1 cuillerée à soupe d'huile d'olive et du sel. Mélangez à l'aide du crochet pendant 5 minutes. Une fois obtenu un résultat homogène, filmez et réservez au réfrigérateur pendant 1 heure.

Effeuillez le persil.

Étalez la pâte sur 2 mm d'épaisseur à l'aide d'un rouleau à pâtisserie et d'un peu de farine. Parsemez la moitié de la pâte avec la moitié du persil. Repliez la pâte sur elle-même. Écrasez la pâte au rouleau pour que les 2 couches fusionnent. Étalez la pâte dans la longueur sur 2 mm. Taillez des tagliatelles au couteau.

Épluchez et hachez l'ail.

Faites revenir dans une poêle les chanterelles et l'ail avec 1 bon filet d'huile d'olive pendant 5 minutes.

Plongez les tagliatelles dans une casserole d'eau bouillante salée pendant 3 minutes. Égouttez-les.

Versez dans la poêle des chanterelles les pâtes, la crème, le parmesan et faites chauffer jusqu'à ébullition. Salez et poivrez.

Millefeuille de chanterelles jaunes au foie gras

Préparation : 30 min
Cuisson : 25 min
Repos : 10 min
Pour 4 personnes

- 1 rouleau de pâte feuilletée
- 400 g de chanterelles jaunes
- 200 g de foie gras coupé en morceaux de 3 cm
- 2 cuil. à soupe de vinaigre balsamique
- 1 poignée de mesclun
- 25 g de farine
- 25 g de beurre
- 30 cl de lait
- 1 cuil. à soupe de moutarde à l'ancienne
- Sel et poivre

> La chanterelle jaune a un goût très parfumé et fruité pouvant développer des saveurs d'orange ou d'abricot.
>
> **Dans cette recette, vous pouvez la remplacer par l'enoki.**

Préchauffez le four à 180° C (th. 6).

Coupez le pied des chanterelles et rincez-les sous un filet d'eau froide. Égouttez-les et laissez sécher pendant 10 minutes avant utilisation.

Taillez la pâte feuilletée en un grand rectangle. Disposez une feuille de papier sulfurisé sur les deux faces de la pâte, puis faites cuire au four entre deux plaques de cuisson pendant 25 minutes.

Faites fondre le beurre dans une casserole. Une fois qu'il est mousseux, ajoutez la farine, mélangez jusqu'à obtenir un roux bien mousseux et blanc, puis incorporez le lait en trois fois. Salez, poivrez et mélangez avec la moutarde à l'ancienne.

Faites griller dans une poêle le foie gras à feu vif sans matière grasse pendant 2 minutes. Salez et poivrez.

Débarrassez et mettez les chanterelles. Faites-les revenir pendant 3 minutes puis déglacez au vinaigre balsamique.

Coupez le feuilleté en petits biscuits à l'aide d'un couteau à pain. Réalisez un montage à base de biscuits feuilletés, de béchamel, de foie gras et de chanterelles.

Servez avec le mesclun.

Gravelax de saumon à la betterave, collybies à pied velouté

Préparation : 25 min
Cuisson : 2 min
Repos : 12 à 24 h
Pour 4 personnes

- 400 g de collybies à pied velouté
- 700 g de saumon
- 250 g de gros sel
- 250 g de sucre en poudre
- ½ oignon rouge
- 1 betterave crue (ici betterave chioggia)
- 2 branches de fenouil
- ⅓ de botte de coriandre
- 4 cuil. à soupe de sauce soja
- Le jus d'1 citron jaune
- Huile d'olive

Coupez le pied des collybies et brossez-les avec un pinceau humide pour en extraire la terre et les impuretés.

Effeuillez et ciselez le fenouil. Épluchez et râpez la betterave.

Mélangez le sel, le sucre, le fenouil et la betterave. Disposez un lit de ce mélange au sel dans un plat. Placez le saumon dessus et recouvrez du mélange. Filmez au contact le saumon et placez au réfrigérateur entre 12 et 24 heures.

Rincez le saumon et taillez-le en tranches. Ciselez la coriandre. Épluchez et hachez l'oignon rouge.

Faites revenir dans une poêle les champignons à feu vif avec 1 filet d'huile d'olive pendant 2 minutes. Ajoutez en fin de cuisson l'oignon, la coriandre, la sauce soja et le jus de citron.

Servez le saumon en entrée avec les champignons et du pain toasté.

Le collybie à pied velouté a une saveur douce et fruitée.
Sa texture est molle et un peu élastique.

Dans cette recette, vous pouvez le remplacer par l'enoki.

Entrecôte maturée, jaune d'œuf mariné et poêlée de clavaires crépues

Préparation : 15 min
Cuisson : 7 min
Réfrigération : 4 h
Pour 4 personnes

- 4 entrecôtes de 200 g chacune
- 700 g de clavaires crépues
- 2 oignons jeunes
- 4 jaunes d'œufs
- 30 cl de sauce soja
- 1 cuil. à café de sucre en poudre
- 1 cuil. à café de vinaigre de vin
- Huile d'olive
- Sel et poivre

Coupez la base des clavaires crépues et plongez-les dans un grand volume d'eau pour en extraire la terre et les impuretés. Taillez grossièrement les clavaires.

Mélangez dans un ramequin la sauce soja, le sucre et le vinaigre de vin. Versez délicatement dans le ramequin les jaunes d'œufs. Réservez au réfrigérateur pendant 4 heures.

Émincez les oignons.

Faites griller la viande à feu vif dans une poêle avec 1 filet d'huile d'olive. Comptez 1 minute de cuisson par face.

Réservez la viande au chaud et faites revenir les clavaires et les oignons dans la même poêle pendant 5 minutes.

Servez la viande recouverte d'1 jaune d'œuf mariné. Servez avec les clavaires. Salez et poivrez.

> La clavaire crépue a un léger goût de noix et une texture légèrement caoutchouteuse ou croquante, très agréable.
>
> Dans cette recette, vous pouvez utiliser des clavaires crépues déshydratées.

Clavaires crêpues panées et frites, sauce curry

Préparation : 20 min
Cuisson : 12 min
Pour 4 personnes

400 g de clavaires crêpues
3 œufs
150 g de chapelure
120 g de farine
40 cl d'huile d'arachide
4 tiges de coriandre
40 cl de lait de coco
1 oignon jaune
1 gousse d'ail
1 cuil. à soupe de curry en poudre
1 cuil. à café de gingembre en poudre
Huile d'olive
Sel

Coupez la base des clavaires crêpues et plongez-les dans un grand volume d'eau pour en extraire la terre et les impuretés. Taillez grossièrement les clavaires.

Épluchez et hachez l'oignon et l'ail.

Faites revenir dans une casserole l'oignon, l'ail et les épices avec 1 filet d'huile d'olive pendant 3 minutes. Ajoutez le lait de coco et faites mijoter à feu doux pendant 5 minutes.

Cassez et fouettez les œufs.

Faites chauffer une casserole avec l'huile d'arachide à 190° C.

Plongez les clavaires dans la farine puis dans l'œuf battu et dans la chapelure. Plongez-les une seconde fois dans l'œuf et, pour finir, dans la chapelure. Faites-les frire dans l'huile pendant 4 minutes. La chapelure doit être bien colorée.

Salez, parsemez la coriandre fraîche et servez avec la sauce curry.

La clavaire crêpue a un léger goût de noix et une texture légèrement caoutchouteuse ou croquante, très agréable.

Dans cette recette, vous pouvez utiliser des clavaires crêpues déshydratées.

Gnocchis de clitocybes odorants, persillade et sauge

Préparation : 25 min
Cuisson : 40 min
Pour 4 personnes

400 g de clitocybe odorants
700 g de grosses pommes de terre
300 g de farine
1 œuf
3 branches de sauge
4 branches de persil
1 gousse d'ail
Huile d'olive
Sel et poivre

Coupez le pied des champignons et brossez-les avec un pinceau humide pour en extraire la terre et les impuretés.

Plongez les pommes de terre dans une casserole d'eau salée. Faites chauffer et comptez 30 minutes de cuisson à partir de l'ébullition. Égouttez-les, puis épluchez-les et passez la chair au tamis.

Mélangez la pulpe de pomme de terre légèrement tiédie avec la farine et l'œuf préalablement battu. Salez, poivrez et formez des petits gnocchis de la forme de votre choix.

Faites revenir dans une poêle les gnocchis avec 1 bon filet d'huile et la sauge pendant 5 minutes. Retournez-les souvent afin de les colorer sur toutes les faces.

Épluchez et hachez l'ail. Ciselez le persil.

Coupez en morceaux les champignons puis faites-les revenir dans une poêle avec 1 bon filet d'huile pendant 5 minutes. Ajoutez l'ail et le persil en fin de cuisson.

Mélangez les gnocchis avec les champignons en persillade. Salez et poivrez.

Le clitocybe odorant a un goût d'anis marqué et une texture moyennement ferme.

Dans cette recette, vous pouvez le remplacer par le champignon de Paris.

Crabe en crème de clitocybes odorants, petits pois

Préparation : 20 min
Cuisson : 10 min
Pour 4 personnes

½ pain de campagne tranché
½ tourteau cuit
400 g de petits pois
200 g de clitocybes odorants
½ botte de ciboulette
80 g de mayonnaise
Huile d'olive
Sel et poivre

Coupez le pied des champignons et brossez-les avec un pinceau humide pour en extraire la terre et les impuretés.

Écossez les petits pois et plongez-les dans une casserole d'eau bouillante salée pendant 5 minutes. Égouttez-les et passez-les sous l'eau froide.

Ciselez la ciboulette.

Toastez les tranches de pain dans un grille-pain.

Prélevez, dans la tête et dans les pattes, la chair du tourteau.

Coupez les champignons en petits morceaux. Faites-les revenir dans une poêle à feu vif avec 1 filet d'huile d'olive pendant 5 minutes.

Mélangez le crabe avec les petits pois, les champignons, la ciboulette, la mayonnaise, un peu de sel et de poivre. Servez la préparation sur le pain toasté.

Le clitocybe odorant a un goût d'anis marqué et une texture moyennement ferme.

Dans cette recette, vous pouvez le remplacer par le champignon de Paris.

Feuilleté de bar, épinards et amanites des Césars

Préparation : 20 min
Cuisson : 32 min
Pour 2-3 personnes

1 rouleau de pâte feuilletée
2 filets de bar de 180 g chacun, sans arêtes
200 g d'épinards
200 g d'amanites des Césars
5 branches de ciboulette
1 œuf
Huile d'olive
Sel et poivre

Préchauffez le four à 180 °C (th. 6).

Taillez la base du pied des champignons et brossez-les avec un pinceau humide pour en extraire la terre et les impuretés. Émincez les champignons.

Plongez les épinards dans une casserole d'eau bouillante salée pendant 3 minutes. Égouttez et plongez-les dans un grand volume d'eau froide. Une fois refroidis, égouttez et pressez les épinards. Concassez-les au couteau.

Faites revenir les champignons dans une poêle pendant 2 minutes à feu vif avec 1 filet d'huile d'olive.

Étalez la pâte feuilletée. Disposez 1 filet de bar au centre. Recouvrez d'épinards, de champignons, salez et poivrez. Disposez le deuxième filet par-dessus. Emprisonnez le tout de pâte feuilletée.

Cassez et battez l'œuf.

Disposez le feuilleté sur une plaque de cuisson. Placez la soudure de la pâte côté plaque. À l'aide d'un pinceau, badigeonnez d'œuf. Enfournez pour 30 minutes.

Parsemez la ciboulette fraîchement ciselée au moment de servir.

> **L'amanite des Césars a une saveur exceptionnelle, un très léger goût de noisette, et sa texture est plutôt ferme.**
>
> **Dans cette recette, vous pouvez la remplacer par le champignon de Paris.**

Amanites des Césars farcies en persillade

Préparation : 20 min
Cuisson : 15 min
Pour 4 personnes

13 belles amanites des Césars
½ botte de persil
3 gousses d'ail
50 g de cantal
Huile d'olive
Sel et poivre

Préchauffez le four à 180 °C (th. 6).

Coupez la base des pieds des champignons et brossez-les avec un pinceau humide pour en extraire la terre et les impuretés. Prélevez le pied des champignons. Hachez grossièrement les pieds de champignons et 1 champignon entier.

Épluchez et hachez l'ail. Ciselez le persil. Coupez le fromage en fines lamelles.

Faites revenir les champignons hachés dans une poêle à feu vif, avec 1 filet d'huile d'olive pendant 5 minutes. Ajoutez l'ail et le persil en fin de cuisson. Salez et poivrez.

Faites revenir les têtes de champignon pendant 5 minutes à la poêle avec 1 filet d'huile d'olive, du sel et du poivre.

Disposez les têtes de champignon sur une plaque de cuisson. Garnissez de champignons poêlés en persillade et parsemez le fromage. Enfournez pour 5 minutes.

L'amanite des Césars a une saveur exceptionnelle, un très léger goût de noisette, et sa texture est plutôt ferme.

Dans cette recette, vous pouvez la remplacer par le champignon de Paris.

Chou-fleur et coprins chevelus grillés, épices douces

Préparation : 10 min
Cuisson : 7 min
Pour 4 personnes

1 chou-fleur
200 g de coprins chevelus
2 branches de romarin
2 oignons jeunes
2 pincées de curry en poudre
Huile d'olive
Sel

Coupez la base des pieds des coprins chevelus. Brossez-les avec un pinceau humide pour en extraire toute la terre et les impuretés. Émincez les coprins chevelus.

Taillez le chou-fleur en lamelles d'1 cm d'épaisseur. Épluchez et émincez les oignons. Effeuillez et ciselez le romarin.

Faites griller sur un gril, ou à défaut dans une poêle, le chou-fleur pendant 2 minutes sur chaque face avec 1 filet d'huile d'olive. Ajoutez les champignons, le romarin, les oignons, le curry et du sel. Prolongez la cuisson de 3 minutes et servez bien chaud.

Astuce : parsemez au dernier moment le romarin fraîchement ciselé.

Le coprin chevelu a un goût d'amande et de noisette, et une texture fondante. Attention de ne pas abuser sur les épices et l'assaisonnement.

Dans cette recette, vous pouvez le remplacer par le champignon de Paris.

Cassolette de fruits de mer aux coprins chevelus, beurre d'algues

Préparation : 20 min
Cuisson : 4 min
Repos : 20 min
Pour 2 personnes

500 g de moules
300 g de coques
250 g de crevettes (si possible crues)
300 g de coprins chevelus
3 oignons jeunes
½ botte de thym
10 cl de vin blanc
30 g de beurre aux algues
Huile d'olive

Plongez les moules et les coques dans un grand volume d'eau claire pendant 5 minutes. Brassez les moules et les coques dans l'eau. Jetez celles qui remontent à la surface. Changez l'eau toutes les 5 minutes jusqu'à ce qu'elle reste bien claire même après l'avoir brassée.

Coupez la base des pieds des coprins chevelus. Brossez-les avec un pinceau humide pour en extraire toute la terre et les impuretés. Coupez grossièrement les coprins chevelus.

Décortiquez les crevettes. Émincez les oignons.

Faites revenir les crevettes et les coprins dans une casserole avec les oignons, le thym et 1 filet d'huile d'olive pendant 3 minutes. Ajoutez les moules, les coques et le vin blanc. Faites mijoter à couvert pendant 1 minute.

Remuez, ajoutez le beurre aux algues et prolongez la cuisson jusqu'à ce que les moules et les coques soient toutes ouvertes.

Le coprin chevelu a un goût d'amande et de noisette, et une texture fondante. Attention de ne pas abuser sur les épices et l'assaisonnement.

Dans cette recette, vous pouvez le remplacer par le champignon de Paris.

Pieds-bleus et poitrine de porc confits aux fruits rouges

Préparation : 20 min
Cuisson : 15 min
Repos : 30 min
Pour 4 personnes

2 morceaux de 400 g de poitrine de porc
400 g de pieds-bleus
200 g de fruits rouges congelés
20 cl de ketchup
2 cuil. à soupe de sauce Worcestershire
2 cuil. à soupe de vinaigre de vin
2 cuil. à soupe de miel
1 cuil. à soupe d'ail séché
4 branches de romarin
Piment d'Espelette
Sel

Coupez la base des pieds-bleus et brossez-les avec un pinceau humide pour en extraire la terre et les impuretés. Taillez grossièrement les pieds-bleus.

Effeuillez et hachez le romarin.

Mélangez dans un bol le ketchup, la sauce Worcestershire, le vinaigre de vin, le miel, l'ail, le romarin avec 1 pincée de piment d'Espelette et de sel.

Faites revenir la poitrine de porc dans une poêle sans matière grasse 5 minutes par farce. Ajoutez les champignons et prolongez la cuisson de 4 minutes.

Versez par-dessus les fruits rouges et prolongez la cuisson d'1 minute.

Couvrez d'un couvercle ou de papier d'aluminium puis faites reposer 30 minutes au chaud.

Tranchez la poitrine de porc et servez avec les champignons et la sauce.

Le pied-bleu a un goût prononcé avec une note sucrée/acide particulière.

Dans cette recette, vous pouvez le remplacer par le pleurote.

Antipasti de rosés-des-prés marinés

Préparation : 10 min
Cuisson : 6 min
Marinade : 1 h
Pour 4 personnes

500 g de rosés-des-prés
30 cl de vinaigre de vin
130 g de sucre en poudre
1 cuil. à soupe de baies de genièvre
1 cuil. à soupe de graines de coriandre
2 branches de romarin

Coupez la base du pied des rosés-des-prés. Brossez-les avec un pinceau humide pour en extraire la terre et les impuretés. Coupez les champignons en six ou huit.

Versez dans une casserole 30 cl d'eau, le vinaigre de vin, le sucre, les baies de genièvre, les graines de coriandre et le romarin.

Portez à ébullition, coupez le feu et laissez infuser 5 minutes.

Ajoutez les champignons, portez de nouveau à ébullition pendant 1 minute et laissez reposer pendant 1 heure.

Servez en apéritif sur des toasts de chèvre, de jambon ou même de houmous.

Le rosé-des-prés a un goût doux et agréable avec une texture ferme.

Dans cette recette, vous pouvez le remplacer par le champignon de Paris.

Cabillaud en croûte de tricholomes de la Saint-Georges

Préparation : 20 min
Cuisson : 10 min
Pour 4 personnes

4 pavés de cabillaud
70 g de pain sec
400 g de tricholomes de la Saint-Georges
1 botte de basilic
2 gousses d'ail
Huile d'olive
40 g de beurre
Sel, poivre

Coupez le pied des tricholomes de la Saint-Georges et brossez-les avec un pinceau humide pour en extraire la terre et les impuretés. Coupez les champignons en petits morceaux.

Taillez le pain en petites tranches bien fines à l'aide d'un couteau bien aiguisé.

Épluchez l'ail et râpez-le sur le pain.

Faites frire le basilic dans une petite casserole pendant 10 secondes dans un fond d'huile d'olive à 180 °C. Égouttez le basilic.

Remplacez le basilic par les tranches de pain et faites-les bien colorer. Égouttez le pain sur du papier absorbant. Salez et poivrez.

Faites revenir les filets de poisson dans une poêle antiadhésive sur une seule face pendant 5 minutes avec 1 filet d'huile d'olive, du sel et du poivre. Ajoutez les champignons, le beurre et prolongez la cuisson de 5 minutes sur feu doux en arrosant le poisson de beurre au fur et à mesure.

Servez le poisson recouvert de champignons, de croûtons et de basilic frit.

Le tricholome de la Saint-Georges a un goût assez marqué et agréable de farine fraiche, et une texture plutôt ferme.

Dans cette recette, vous pouvez le remplacer par le champignon de Paris.

Tartine houmous et lactaires délicieux

Préparation : 10 min
Cuisson : 2 min
Pour 4 personnes

1 petit pain tranché
200 g de lactaires délicieux
1 petite betterave chioggia
150 g de feta
1 oignon nouveau
200 g de houmous
1 cuil. à soupe de graines de cumin
1 citron jaune
Huile d'olive
Sel, poivre

Coupez la base du pied des lactaires. Brossez-les avec un pinceau humide pour en extraire la terre et les impuretés.

Émincez finement l'oignon et les lactaires. Épluchez et tranchez finement la betterave à l'aide d'une mandoline.

Faites revenir les lactaires dans une poêle avec 1 filet d'huile d'olive, du sel et du poivre pendant 2 minutes.

Pressez et filtrez le jus du citron.

Mélangez le houmous avec les graines de cumin et le jus de citron.

Toastez le pain au grille-pain.

Badigeonnez les tranches de pain de houmous. Émiettez la feta sur le houmous. Garnissez de lactaires et de lamelles de betterave. Parsemez les oignons émincés.

Le lactaire délicieux a un goût plutôt fruité et légèrement amer. Sa texture est ferme et croquante.

Dans cette recette, vous pouvez le remplacer par le shiitaké ou le champignon de Paris.

Bœuf Wellington aux lactaires délicieux

Préparation : 25 min
Cuisson : 35 min
Repos : 10 min
Pour 4 personnes

1 pâte feuilletée
180 g de lactaires délicieux
1 filet de bœuf de 900 g
1 grosse échalote
Huile d'arachide
30 g de beurre
1 œuf
Sel, poivre

Préchauffez le four à 220 °C (th. 7-8).

Coupez la base du pied des lactaires. Brossez-les avec un pinceau humide pour en extraire la terre et les impuretés. Coupez en petits morceaux les lactaires.

Épluchez et hachez l'échalote. Salez le filet de bœuf.

Faites revenir le filet de bœuf dans une poêle très chaude pendant 30 secondes sur toutes les faces avec 1 filet d'huile d'arachide. Réservez au chaud.

Faites revenir dans la même poêle les champignons et l'échalote avec le beurre, du sel et du poivre pendant 5 minutes. Débarrassez et laissez tiédir le tout pendant 10 minutes.

Cassez et battez l'œuf pour la dorure.

Déroulez la pâte feuilletée. Couvrez le centre de champignons. Disposez par-dessus le filet de bœuf. Recouvrez de champignons. Repliez la pâte sur le bœuf de façon à l'emprisonner.

Disposez le feuilleté sur une plaque de cuisson, côté soudure sur la plaque. Badigeonnez le feuilleté d'œuf battu. Quadrillez superficiellement la pâte à l'aide d'une pointe de couteau et réalisez trois trous permettant à la vapeur de s'échapper lors de la cuisson. Enfournez pour 30 minutes.

Le lactaire délicieux a un goût plutôt fruité et légèrement amer. Sa texture est ferme et croquante.

Dans cette recette, vous pouvez le remplacer par le champignon de Paris.

Nuggets de polypores soufrés, mayonnaise moutardée maison

Préparation : 25 min
Cuisson : 15 min
Pour 4 personnes

- 500 g de polypores soufrés
- 120 g de farine de blé T65
- 4 œufs + 1 jaune
- 150 g de chapelure
- 4 cuil. à soupe de moutarde
- 1 litre d'huile d'arachide
- 2 cuil. à soupe de vinaigre de vin
- Sel, poivre

Coupez la base des polypores soufrés. S'ils sont trop développés, ne conservez que la périphérie des champignons. Brossez-les avec un pinceau humide pour en extraire la terre et les impuretés. Coupez-les en gros morceaux.

Mélangez le jaune d'œuf avec 1 cuillerée à soupe de moutarde. Incorporez petit à petit 30 cl d'huile d'arachide tout en mélangeant au fouet de manière à monter une mayonnaise bien ferme. Salez, poivrez, ajoutez la moutarde restante et le vinaigre de vin.

Faites chauffer l'huile d'arachide restante à 190 °C dans une casserole.

Cassez et battez les œufs dans une assiette dans un bol ou une assiette creuse.

Plongez les polypores soufrés dans la farine, dans l'œuf et dans la chapelure. Replongez-les dans l'œuf puis dans la chapelure.

Faites frire les champignons panés dans l'huile chaude pendant 5 minutes. Faites plusieurs tournées pour ne pas surcharger la friteuse.

Égouttez et salez. Servez avec la mayonnaise moutardée.

> **La chair du polypore soufré a un goût rappelant la chair du poulet. Tout comme sa texture.**
>
> **Vous pouvez remplacer ce champignon par le pleurote.**

BIDART
CLIQUE
PALE ALE

Polenta crémeuse aux polypores soufrés

Préparation : 10 min
Cuisson : 7 min
Pour 4 personnes

150 g de polypores soufrés
150 g de polenta précuite
80 cl de lait demi-écrémé
50 cl de crème liquide
30 g de beurre
80 g de parmesan
1 gousse d'ail
⅓ de botte de persil
Poivre parfumé (ici poivre de Madagascar)
Sel

Coupez la base des polypores soufrés. S'ils sont trop développés, ne conservez que la périphérie des champignons. Brossez-les avec un pinceau humide pour en extraire la terre et les impuretés. Émincez-les très finement.

Épluchez et hachez l'ail. Ciselez le persil. Râpez le parmesan.

Faites revenir dans une poêle les champignons et l'ail avec le beurre pendant 3 minutes. Ajoutez 20 cl de crème. Salez, poivrez et prolongez la cuisson de 2 minutes.

Faites chauffer le lait et la crème liquide restante dans une casserole avec du sel. À la première ébullition, versez la polenta en pluie. Faites cuire pendant 3 minutes en remuant constamment au fouet. Coupez le feu, ajoutez le parmesan et mélangez.

Servez la polenta recouverte de champignons et de persil. Poivrez.

La chair du polypore soufré a un goût rappelant la chair du poulet. Tout comme sa texture.

Vous pouvez remplacer ce champignon par le pleurote.

Quiche aux pieds-de-mouton

Préparation : 25 min
Cuisson : 43 min
Pour 6 personnes

1 pâte feuilletée
300 g de pieds-de-mouton
1 échalote
1 gousse d'ail
40 cl de crème liquide à 30 % de MG
3 œufs
5 cl de vin blanc
½ botte de persil
Huile d'olive
Mesclun
Sel, poivre

Préchauffez le four à 200 °C (th. 6-7).

Coupez la base des pieds-de-mouton. Brossez-les avec un pinceau humide pour en extraire la terre et les impuretés. Coupez grossièrement les pieds-de-mouton.

Épluchez et hachez l'échalote et l'ail. Ciselez le persil.

Faites revenir les pieds-de-mouton, l'échalote et l'ail avec 1 bon filet d'huile d'olive pendant 3 minutes. Déglacez au vin blanc, salez et poivrez.

Cassez et fouettez les œufs avec du sel et du poivre. Incorporez la crème et le persil au fouet.

Chemisez un moule à tarte de papier sulfurisé puis de pâte feuilletée. Disposez dans le fond de la quiche la poêlée de champignons puis versez par-dessus la crème aux œufs. Enfournez pour 40 minutes.

Servez avec un mesclun arrosé d'1 filet d'huile d'olive.

Le pied-de-mouton a un goût légèrement fruité et une texture plutôt ferme et un peu croquante.

Dans cette recette, vous pouvez remplacer les pieds-de-mouton par des girolles congelées.

Pieds-de-mouton et maquereau brûlé en pâte de miso

Préparation : 15 min
Cuisson : 3 min
Pour 4 personnes

300 g de pieds-de-mouton
8 filets de maquereau
1 cuil. à soupe de miso
3 cuil. à soupe sauce soja
1 botte de basilic
1 gousse d'ail
Huile d'arachide

Coupez la base des pieds-de-mouton et taillez-les grossièrement.

Effeuillez le basilic. Épluchez et râpez l'ail.

Mélangez le miso avec la sauce soja.

Badigeonnez le poisson du mélange soja-miso.

Grillez les filets de maquereau au chalumeau sur les deux faces.

Faites revenir les champignons et l'ail avec 1 filet d'huile dans une poêle à feu vif pendant 3 minutes. En fin de cuisson, ajoutez le restant du mélange au miso ainsi que le basilic.

Servez les maquereaux grillés avec la poêlée de champignons.

Le pied-de-mouton a un goût légèrement fruité et une texture plutôt ferme et un peu croquante.

Dans cette recette, vous pouvez remplacer ce champignon par le pleurote ou faire un mélange des deux.

Cheese toast aux faux-mousserons

Préparation : 20 min
Cuisson : 10 min
Pour 4 toasts

8 tranches de pain de mie
8 tranches fines de poitrine de porc fumée
200 g de comté
100 g de faux-mousserons
Huile d'olive
3 branches de thym frais
Poivre

Coupez la base du pied des faux-mousserons. Brossez-les avec un pinceau humide pour en extraire la terre et les impuretés.

Coupez le fromage en belles tranches.

Toastez les tranches de pain de mie au grille-pain.

Faites griller les tranches de poitrine avec 1 filet d'huile d'olive pendant 4 minutes. Retournez-les à mi-cuisson.

Débarrassez la poitrine et faites revenir les champignons dans la même poêle avec 2 branches de thym pendant 2 minutes puis réservez-les.

Poêlez brièvement les tranches de fromage pour les faire fondre.

Déposez le fromage sur 4 tranches de pain toastées. Recouvrez de poitrine de porc et de mousserons.

Poivrez, parsemez de thym frais effeuillé. Fermez avec les tranches de pain restantes.

Le faux-mousseron a un léger goût d'amande ou de noisette. Il est de petite taille.

Dans cette recette, vous pouvez utiliser des faux-mousserons séchés.

Confit d'agneau aux faux-mousserons

Préparation : 40 min
Cuisson : 5 h
Pour 4 personnes

1 kg d'épaule d'agneau
250 g de faux-mousserons
1 litre de fond de veau ou de volaille
6 gousses d'ail
1 oignon jaune
2 carottes
5 cl de vin rouge
100 g de farine
30 g de beurre
1 bouquet garni
Persil
Sel, poivre

Coupez la base du pied des faux-mousserons. Brossez-les avec un pinceau humide pour en extraire la terre et les impuretés.

Épluchez et coupez en gros morceaux l'oignon, les carottes et l'ail.

Coupez la viande en gros morceaux. Plongez-les dans la farine et tapotez-les pour supprimer l'excédent.

Faites dorer dans une cocotte la viande sur toutes les faces avec le beurre. Ajoutez les légumes, le bouquet garni et faites-les revenir pendant 2 minutes. Déglacez au vin rouge puis versez le fond de veau ou de volaille. Laissez mijoter pendant 4 heures à couvert et dégraissez la surface.

Retirez le couvercle et prolongez la cuisson de 30 minutes à 1 heure afin de faire réduire la sauce.

Faites revenir les champignons dans une poêle pendant 3 minutes avec un pochon de sauce du mijoté d'agneau.

Salez et poivrez l'agneau et les champignons.

Servez l'agneau en sauce accompagné des champignons. Parsemez le persil fraîchement ciselé.

Le faux-mousseron a un léger goût d'amande ou de noisette. Il est de petite taille.

Dans cette recette, vous pouvez utiliser des mousserons des prés séchés.

Filet mignon, faux-mousserons et crème d'estragon

Préparation : 15 min
Cuisson : 15 min
Repos : 10 min
Pour 4 personnes

800 g de filet mignon
400 g de faux-mousserons
2 échalotes
2 gousses d'ail
5 feuilles de laurier
½ botte d'estragon
30 g de beurre
40 g d'ail
40 cl de crème liquide à 30 % de MG
Sel, poivre

Coupez la base du pied des faux-mousserons. Brossez-les avec un pinceau humide pour en extraire la terre et les impuretés.

Ficelez le filet mignon en emprisonnant le laurier. Salez et poivrez.

Épluchez et hachez les échalotes et l'ail.

Faites colorer le filet mignon avec le beurre dans une poêle à feu moyen pendant 10 minutes. Retournez-le fréquemment pour bien le dorer sur toutes les faces.

Réservez le filet mignon au chaud pendant 10 minutes.

Faites revenir dans la même poêle les mousserons, les échalotes et l'ail pendant 2 minutes. Ajoutez la crème et laissez mijoter pendant 3 minutes.

Intégrez l'estragon fraîchement ciselé dans la crème de champignons. Salez et poivrez.

Servez le filet mignon avec les champignons à la crème.

Le faux-mousseron a un léger goût d'amande ou de noisette. Il est de petite taille.

Dans cette recette, vous pouvez utiliser des mousserons des prés séchés.

Œuf cocotte aux faux-mousserons

Préparation : 15 min
Cuisson : 8 min
Pour 4 personnes

4 gros œufs bio
300 g de faux-mousserons
2 branches de persil
1 gousse d'ail
2 tranches de pain de campagne
40 cl de crème épaisse
30 g de beurre
Sel, poivre

Préchauffez le four à 150 °C (th. 5) avec un fond d'eau dans la lèchefrite.

Coupez la base du pied des faux-mousserons. Brossez-les avec un pinceau humide pour en extraire la terre et les impuretés.

Épluchez l'ail et frottez l'intérieur de quatre ramequins supportant le four.

Faites fondre la moitié du beurre et badigeonnez les ramequins de beurre fondu, puis répartissez la moitié de la crème dedans.

Cassez 1 œuf dans chaque ramequin. Enfournez pour 8 minutes. Le blanc d'œuf doit être cuit et le jaune encore coulant.

Toastez le pain au grille-pain et taillez-le en mouillettes.

Hachez le restant d'ail.

Faites revenir les champignons avec l'ail et le beurre restant pendant 2 minutes. Ajoutez la crème restante et prolongez la cuisson de 2 minutes.

Versez les champignons sur les œufs cocotte à la sortie du four. Recouvrez de persil fraîchement ciselé et servez avec les mouillettes.

Le faux-mousseron a un léger goût d'amande ou de noisette. Il est de petite taille.

Dans cette recette, vous pouvez utiliser des mousserons des prés séchés.

Salade de pissenlits, cromesquis de faux-mousserons et gésiers poêlés

Préparation : 30 min
Cuisson : 3 min
Pour 2 personnes

3 poignées de jeunes pissenlits
150 g de gésiers confits
¼ d'oignon rouge
150 g de bûche de chèvre
200 g de faux-mousserons
100 g de farine
2 œufs
150 g de chapelure
70 cl d'huile d'arachide
Vinaigre balsamique
Huile d'olive
Sel, poivre

Le faux-mousseron a un léger goût d'amande ou de noisette. Il est de petite taille.

Dans cette recette, vous pouvez utiliser des mousserons des prés séchés.

Coupez la base du pied des faux-mousserons. Brossez-les avec un pinceau humide pour en extraire la terre et les impuretés.

Épluchez et émincez l'oignon rouge. Nettoyez et lavez les jeunes pissenlits.

Faites chauffer l'huile d'arachide à 190 °C dans une casserole.

Faites revenir les mousserons dans une poêle avec 1 filet d'huile d'olive pendant 3 minutes. Hachez grossièrement la moitié des mousserons.

Fouettez le fromage pour obtenir une pâte ferme. Mélangez le chèvre avec les mousserons des prés hachés. Formez des boulettes de 5 cm de diamètre avec le mélange.

Cassez et fouettez les œufs.

Plongez les boulettes dans la farine puis dans l'œuf et dans la farine. Plongez-les de nouveau dans l'œuf puis dans la chapelure.

Faites frire les boulettes de chèvre-champignons panées dans l'huile de friture pendant 2 minutes. Égouttez-les.

Faites revenir les gésiers dans une poêle sans matière grasse pendant 3 minutes.

Assaisonnez la salade avec 1 filet d'huile d'olive et de vinaigre balsamique. Salez et poivrez.

Servez la salade avec les gésiers, les cromesquis, les mousserons et l'oignon émincé.

Lexique des champignons

Aiguillons : multitude de petites piques se situant sous le chapeau du pied-de-mouton par exemple.

Alvéoles : cavités creuses, arrondies ou géométriques, rappelant un nid d'abeilles.

Anneau : fine membrane plus ou moins large entourant le haut du pied de certains champignons.

Bulbe : renflement plus ou moins prononcé à la base du pied de certains champignons.

Déliquescent : qui se décompose jusqu'à se liquéfier totalement.

Écailles : ornements du chapeau ou du pied en forme de petites plaques se redressant, plus ou moins régulières.

Fossettes : légères cavités à contour arrondi, visibles sur le chapeau ou plus souvent sur le pied de certains champignons.

Lames : partie composée de feuillets organisés en rayons, sous le chapeau d'un grand nombre de champignons.

Mamelonné : avec un mamelon au centre du chapeau.

Mèches : ensemble de fibres agglomérées ornant le pied ou le chapeau de certains champignons.

Mycélium : partie souterraine des champignons, formée d'un ensemble de minces filaments, provenant de la germination des spores.

Mycologue : personne ou professionnel spécialiste des champignons.

Parasite : organisme vivant aux dépens d'un autre, en lui portant préjudice.

Plis : ébauches de lames, réduites à des motifs irréguliers en forme de veine, sous le chapeau de certains champignons.

Pores : multitude de petits orifices agglomérés sous le chapeau des bolets.

Réseau : motif de maillage ou filet à la surface du pied de certains cèpes ou bolets.

Rond de sorcière : groupe de champignons d'une même espèce poussant en formant un cercle plus ou moins large.

Saprophyte : qui se nourrit de matières organiques en décomposition.

Spore : élément unicellulaire servant à la reproduction des champignons.

Volve : membrane en forme de sac à la base du pied de certains champignons.

Index des champignons

Crédits

Laurent Francini : amanite des Césars p. 14, clavaire crépue p. 30, lactaire sanguin p. 44, morille blonde p .46, pied-bleu p. 50

Vincent Lagardère : cèpe de Bordeaux p. 20, cèpe d'été p. 24, girolle p. 41, morille conique p. 48, pleurote en forme d'huître p. 52, trompette-des-morts p. 60

Andgelo Mombert : bolet jaune p . 16, bolet orangé des chênes p. 18, chanterelle en tube p. 26, collybie à pied velouté p. 34, tricholome de la Saint-Georges p. 58

Claude Page : chanterelle jaune p .28, polypore soufré p. 54, russule écrevisse p. 57

Christian Pourre : clitocybe odorant p. 32, coprin chevelu p. 36, coulemelle p. 38, faux-mousseron p. 40, lactaire délicieux p. 42, pied-de-mouton p. 51, rosé-des-prés p. 56

Adobe Stock © Mindaugas : bolet à pied rouge p. 16

Adobe Stock © Igor Kramar : cèpe des pins p. 22

Adobe Stock © Grafvision : truffe d'été p. 62

Adobe Stock © Luca Manieri : truffe noire p. 64

Photographie de couverture : Adobe Stock © Corri Seizinger

Remerciements de Vincent Amiel

Merci à Aimery Chemin pour ces magnifiques photos.

Merci à Céline de l'atelier LETO pour son aide au stylisme culinaire et sa magnifique vaisselle.

Merci à Chloé Chabot pour son aide à la réalisation des photos.

www.guidedeschampignons.com

Guidedeschampignons.com est un site spécialisé dans les champignons présentant plus de 200 espèces parmi les plus communes : bon comestibles, toxiques ou mortels, pour se familiariser avec ces organismes passionnants et complexes.

Il propose aussi une méthode d'identification visuelle astucieuse, étape par étape, qui se base sur des critères scientifiques d'observation, et vous permettra de trouver votre champignon parmi une liste réduite.

Les risques de confusion sont également évoqués ainsi que toutes les connaissances de base pour débuter la cueillette !

Directeur éditorial : Didier Férat
Édition : Diane Monserat
Graphisme : Julia Philipps
Photogravure : Graphium
Fabrication : Laurence Duboscq

ISBN : 978-2-263-18083-5
Code éditeur : L18083
Dépôt légal : août 2022
Imprimé en France par Estimprim

MIXTE
Papier issu de sources responsables
FSC® C003309